벌거벗은
한국사 고려편

격동의 500년이 단숨에 이해되는 스토리텔링 고려사

벌거벗은 한국사

고려편

tvN STORY 〈벌거벗은 한국사〉 제작팀 지음

프런트페이지
FRONTPAGE

특별한 여행을
함께 떠나볼까요

여행을 떠나볼까요?

반만년 우리 역사의 수많은 장면들.

그중 가장 매력적인 '스토리'가 있는

과거 어느 순간이 우리의 목적지입니다.

여러분은 언제, 어디로 떠나 누구를 만나고 싶으신가요?

저희의 고민도 여기서 시작됐습니다.

우리 역사의 어느 시점으로 돌아갈 수 있다면

과연 어디로 떠날 것인가?

어떤 인물의, 무슨 이야기를 들을 것인가?

답을 내리기는 생각보다 어려웠습니다.
분명 학교 수업시간에 배웠던 것 같은데
머릿속에 '스토리'는 없이 연도, 사건, 인물 같은
단편적인 정보들만 떠올랐기 때문입니다.

그래서 저희는 생각했습니다.
'우리 역사의 장면들이 오랫동안 기억되도록
쉽고 친절하게 흥미로운 스토리로 엮어 보여드리자.'
그리고 히스토리텔러 최태성 선생님과 뜻을 모았습니다.
우리 역사 스토리텔링쇼 〈벌거벗은 한국사〉는
그렇게 태어났습니다.

누구나 부담 없이 즐길 수 있는 스토리 한국사.
이제 준비는 끝났습니다.
펜과 노트는 잠시 내려놓고
홀가분한 마음으로 한국사 여행을 떠나보실까요?

tvN STORY 〈벌거벗은 한국사〉 제작팀

500년 역사를 간직한 진취의 나라,
고려로 떠나는 여행

"고려를 고려하라!"

농담처럼 하는 이야기지만 우리는 고려를 정말로 '고려'해 봐야 합

니다. 생각해 볼 부분이 정말 많은 나라거든요.

고려는 개성이 넘치는 나라.

유쾌, 상쾌, 통쾌가 상상되는 나라.

무엇보다 코리아의 어원이 되는 나라입니다.

특히 고려를 조선과 비교해 보면 정말 재미있습니다.

조선이 성리학의 나라였다면, 고려는 불교의 나라였죠.

조선의 가정이 가부장제 질서 아래 있었다면

고려의 가정은 보다 수평적인 관계였습니다.

조선이 남녀칠세부동석을 추구했다면,

고려는 남녀상열지사도 너그럽습니다.

외교에서도 조선은 사대와 명분을 중요하게 여기고

고려는 실용주의가 좀 더 강조되었지요.

그런데 우리는 고려라는 나라를 잘 모릅니다.

뿌연 안개 속, 저 멀리 아득한 나라처럼 느껴지죠. 왜일까요?

아마도 갈 수 없는 곳에 역사의 흔적들을 많이 남겨두고 있기 때문

일 것입니다. 고려의 수도는 지금의 북한 개성이니까요.

그래서 지금부터 고려 여행을 떠나보려 합니다.

《벌거벗은 한국사: 고려편》과 함께 높고 높은 아름다운 나라

고려를 둘러보고 옵시다.

29명의 부인을 둔 왕건의 사랑 이야기에 얽힌 전말을 밝히고

세계 대제국을 건설한 원나라에 나라를 넘기지 않을 수 있었던

그 비결을 알아봅시다.

조선과 결이 달라도 한참 다른 고려로 떠나는 여행,

지금 출발합니다!

큰별쌤 최태성

| 차례 |

1부 고려 전기: 정치 소용돌이에 빠진 왕실과 끊임없는 외침

1장 벌거벗은 고려 건국 시조

2장 벌거벗은 태후의 시대

3장 벌거벗은 고려거란전쟁

4장 벌거벗은 서경천도운동

2부 고려 후기: 원의 내정 간섭과 운명을 건 개혁의 불꽃

1부

고려 전기: 정치 소용돌이에 빠진 왕실과
끊임없는 외침

벌거벗은 고려 건국 시조

전덕재(단국대학교 사학과 교수)

태조 왕건은 왜
29명의 부인을 맞이했나

우리나라 역사의 흐름을 머릿속에 한번 그려볼까요? 고조선, 고구려와 백제와 신라, 발해와 통일신라, 그리고 그 다음은 무엇일까요? 곧바로 고려가 시작되었다고 생각할 수 있지만, 사실 그 사이에는 후삼국이 있었답니다.

때는 통일신라 말, 진골 귀족 간의 끊임없는 왕위 다툼이 이어지며 신라는 중앙집권이 흔들릴 만큼 극심한 혼란에 빠졌습니다. 그 틈에 각 지방에서는 '호족豪族' 세력이 강한 경제력과 군사력을 바탕으로 힘을 키워갔지요. 신라가 휘청거리는 틈을 타 한반도에 독자적인 나라를 세운 인물들도 등장했습니다. 지금의 전북 전주인 완산주에 도읍을 정하고 후백제를 세운 견훤과 오늘날의 개성

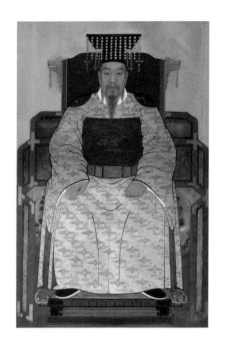

고려 태조 왕건 초상 미디어한국학 제공

인 송악에 도읍을 정하고 후고구려를 세운 궁예였지요. 한반도에 후백제, 후고구려, 신라 세 나라가 존재하던 이 시기를 후삼국 시대라고 부릅니다.

이처럼 스러지는 세력과 떠오르는 세력이 한반도에 뒤엉켜 시끌시끌한 나날을 보내고 있는 가운데, 마침내 이 혼란을 평정하고 후삼국을 통일한 인물이 있었습니다. 바로 고려를 세운 태조 왕건이지요.

후고구려의 장군이었던 왕건은 궁예의 오른팔 같은 존재였습니다. 그러나 궁예가 실정을 거듭하며 민심을 잃자 여러 신료 및 호족들과 함께 궁예를 몰아내고 고려를 건국했지요. 그렇게 고려 제1대 왕 태조 왕건이 되었습니다. 그런 그에게 독특한 이력이 하나 있습니다. 부인을 무려 29명이나 맞이한 것이지요. 그는 대체 왜 이렇게 많은 부인을 들인 걸까요? 고려가 태동하던 시기에 한반도에서는 무슨 일이 벌어졌던 걸까요? 지금부터 태조 왕건을 둘러싼 놀라운 결혼 이야기를 벗겨보겠습니다.

혼란의 후삼국 시대
나주를 정벌하라!

왕건은 본래 송악에서 대대로 해상무역에 종사하며 부를 축적해온 호족 집안 출신이었습니다. 궁예가 후고구려를 건국하기 이전에 일찍이 아버지와 함께 궁예에게 귀부歸附하였지요. 특히 왕건은 궁예가 세력을 확장하기 위해 벌인 크고 작은 전투에서 혁혁한 공을 세워 궁예의 두터운 신임을 받았습니다.

900년에 지금의 충청도와 전라도 일대에 후백제가 들어서고 이 듬해 강원도와 경기도, 황해도 일대에 후고구려가 들어서면서 경상도 일대의 신라와 함께 한반도에 삼각 구도가 형성되었습니다. 영토와 세력 확장으로 다툼을 벌이던 견훤과 궁예가 새 나라를 세우면서 본격적으로 후삼국 시대의 포문을 열었지요.

누가 한반도의 주도권을 거머쥘 것인지 후삼국 간의 견제가 극에 달했던 903년 어느 날, 궁예는 부하 장수였던 왕건을 급히 불러들였습니다. 그리고 명령을 내렸습니다.

"나주로 가라!"

궁예는 왕건에게 나주 일대를 점령하라는 특별 임무를 맡겼습니다. 지금의 전남 나주시가 바로 그곳인데요, 한반도 서남부에 위치한 나주는 여러모로 이점을 두루 갖춘 지역이었습니다. 첫 번째 이점은 곡식이 풍부한 곡창지대라는 점이었지요. 끊임없는 영토

전쟁을 벌이던 후삼국 시대, 나주는 전쟁에서 가장 필요한 물자 중하나인 군량미를 확보해 줄 수 있는 땅이었습니다.

두 번째, 지리적으로 중요한 항구가 있었습니다. 나주는 이 무역항을 통해 한반도 내에서의 무역은 물론이고, 중국과의 해상무역으로도 크게 번창하고 있었지요. 어느 나라든 나주를 차지한다면 외교적, 경제적으로 중요한 요충지를 얻는 셈이었습니다.

물론 대외적인 교류와 경제적인 요건만 가지고 궁예가 나주를 점령하려고 한 것은 아니었습니다. 만약 후고구려가 나주를 쳐서 이곳을 장악한다면 후백제는 뒷마당에 적국을 두게 되는 꼴이었습니다. 이처럼 경제적, 외교적, 군사적으로 중요한 땅인 나주를 차지해 후백제를 견제하기 위해 궁예는 가장 신뢰하는 장수인 왕건을 보냈던 것이지요.

전쟁터로 떠나는 길에 만난
운명 같은 첫사랑

후삼국의 패권을 쥘 수 있는 나주를 차지하기 위해 왕건은 대군을 이끌고 남쪽으로 향합니다. 당시 후고구려의 수도 송악에서 남쪽 지방인 나주로 가기 위해서는 서해를 통해 바다를 건너야만 했지요. 그리고 서해로 가려면 먼저 송악과 거의 나란히 붙어 있는

지금의 황해북도 개풍군 지역의 정
주라는 곳을 반드시 거쳐야만 했습
니다. 즉, 정주는 송악에서 서해로 가
기 위한 출구였지요. 게다가 정주는
전투함이 모여 있던 거대한 항구이
기도 했거든요. 수군을 정비하고 군
함을 수리하는 등 나주로 출격할 만
반의 준비를 갖추기에 안성맞춤인
땅이었지요.

송악과 정주의 위치

　왕건은 해상 전투에 강한 수군을
이끌고 정주 땅에 도착했습니다. 앞
으로 치르게 될 치열한 전쟁을 앞두고 왕건은 잠시 버드나무 아래
서 쉬고 있었지요. 그런데 이때 왕건은 우연히 근처 시냇가를 바라
보다 순간 멍해지고 말았습니다. 시냇가에 무척 아름다운 여인이
서 있었던 것입니다. 왕건의 인생을 180도 바꾸어버릴 운명적인
상대를 맞닥뜨린 것이었지요. 왕건은 그 여인을 보자마자 첫눈에
반해버렸고 자신도 모르게 가까이 다가가 말을 건넸습니다.

　"그대는 어느 집 딸입니까?"

　그러자 여인은 수줍은 듯 말합니다.

　"이 고을 장자長者 집 딸입니다."

　'장자'란 큰 부자면서도 덕망이 있고 신분이 높은 사람을 뜻합니다. 여인의 아버지 유천궁은 정주 지역의 거부이면서 마을 사람들의 존경을 한 몸에 받아 장자라고 불리고 있었지요. 한마디로 왕건이 첫눈에 반했던 여인은 정주의 유력자였던 유씨 집안의 딸이었던 것입니다.

운명처럼 만난 상대를 놓치고 싶지 않아서 그랬을까요? 왕건은 홀린 듯 여인을 따라 그녀의 집까지 가게 됩니다. 그리고 그곳에서 유씨의 아버지 유천궁을 맞닥뜨리게 되지요. 딸을 따라 집까지 쫓아온 낯선 남자를 본 유천궁은 어떤 반응이었을까요? 웬 사내냐며 당장 집에서 내쫓았을까요? 왕건을 본 유천궁은 놀랍게도 그를 반갑게 맞이하고 극진하게 대접해 줍니다. 왕건뿐만 아니라, 왕건이 거느린 군사들도 배부르게 먹을 수 있도록 넉넉한 음식까지 제공했지요.

유천궁은 딸을 따라온 낯선 사내를 왜 그렇게 환대한 걸까요? 그리고 왕건이 찾아온 그날 밤, 유씨의 아버지 유천궁은 성대한 환대도 모자라 처음 본 왕건에게 은밀하게 찾아와 파격적인 제안을 했습니다.

"태조의 잠자리를 모시게 하였다."

《고려사》 88권, 열전 태조 후비 신혜왕후 유씨

유천궁이 왕건에게 자신의 딸과 동침할 것을 제안한 것입니다.

사실 유천궁에게는 속내가 있었습니다. 유천궁은 이미 왕건이 후고구려의 뛰어난 장군이자 이름난 인물이라는 사실을 알고 있었던 겁니다. 그래서 자신의 딸과 왕건을 맺어준 다음 왕건을 통해 후고구려 중앙 정계에 진출하리라는 꿈을 품었던 것이지요.

갑작스러운 유천궁의 제안을 받은 왕건의 반응은 어땠을까요? 왕건은 유천궁의 제안을 받아들이고 첫눈에 반한 유씨 여인과 하룻밤을 보냅니다.

여기에는 왕건의 치밀한 계산도 숨어 있었습니다. 왕건 역시 유씨 집안의 내막을 알았던 것이지요. 왕건은 앞으로 서해로 나가는 관문인 정주에 머무를 때, 정주의 유력자 유천궁 집안으로부터 군사나 식량 등의 도움을 얻을 수 있겠다고 생각했지요. 왕건도 경제적으로나 군사적으로 큰 도움이 되는 유씨와 혼인을 해야겠다고 다짐했으리라 추측해 볼 수 있습니다.

또한 이때 왕건의 나이는 무려 26살이었습니다. 당시에는 10대 후반이나 20대 초반에 대부분 혼인했으니 왕건은 혼인이 늦은 상태였지요. 비교적 늦은 나이에 만난 여인인 만큼 왕건도 첫눈에 반한 유씨가 소중한 인연이었겠지요.

하지만 왕건이 유씨와 보낸 단꿈 같은 시간은 오래가지 못했습니다. 정식으로 혼례를 치르기도 전에 왕건이 유씨를 정주에 두고서 훅 떠나버린 것이었죠. 왕건에게는 처리해야 할 본분이 있었기 때문입니다. 궁예의 명을 받아 나주 지역을 점령하기 위해 전쟁을 치르러 가는 길이었으니 더 이상 시간을 지체할 수 없어 나주로 떠난 것입니다.

왕건이 떠난 후, 유씨는 어떻게 지냈을까요? 기약도 없이 떠난 왕건을 애타게 기다렸습니다. 후고구려의 유능한 장수인 왕건이 금방이라도 승리를 거머쥐고 돌아오리라 희망을 품고 있지 않았을까요? 그러나 어찌된 일인지 하루, 이틀, 일주일 그리고 몇 해가 지나도록 왕건에 대한 어떠한 소식도 들려오지 않았습니다. 매일매일 손꼽아 기다리는 유씨의 심정은 어땠을까요? 결혼을 약속한 상대가 몇 년이 지나도 아무 소식 없으니 영영 만나지 못하는 것은 아닐까 불안한 마음도 조금씩 커져갔겠지요. 유씨는 왕건이 돌아오리라 믿으며 기다렸습니다. 그러나 점점 혼기가 차는 딸을 바라보는 아버지 유천궁의 속은 바짝바짝 타들어가고 있었지요.

왕건을 기다리다 비구니가 된 유씨

유씨가 왕건을 기다리는 동안 몇 년의 시간이 흘렀습니다. 그러던 어느 날 유씨는 모두가 깜짝 놀랄 만한 충격적인 선택을 합니다. 머리를 깎고 출가해 비구니가 되기로 결심한 것이지요. 유씨는 가만히 있다가는 자신의 마음과 달리 왕건이 아닌 다른 남자의 아내가 될지도 모른다고 생각했던 것 같습니다. 차라리 비구니가 되어 왕건을 기다리겠다는 엄청난 결심을 한 것이지요. 그렇게 절로 들어간 유씨는 세상과 단절하며, 홀로 긴 세월을 보냈습니다.

그런데 아무리 전쟁 중이라고 하지만 왕건은 왜 유씨에게 소식조차 전하지 못했을까요? 사실 왕건이 유씨에게 연락하지 못했던 이유가 있었습니다. 당시 후고구려를 통치했던 궁예는 점차 힘을 키워나가는 부하들을 보면서, 혹시나 그들이 자신의 자리를 위협할까 봐 불안해하고 있었습니다. 특히 왕건은 후고구려의 대표 장수인 데다 궁예가 오른팔로 인정했던 유력 세력이었으니 견제 대상 1순위였을 것입니다. 삼엄한 분위기 속에서 왕건이 정주의 호족인 유천궁과 가깝게 지낸다는 소식이 궁예의 귀에 들어가기라도 하면 궁예의 견제는 더욱 커질 수 있었겠지요.

궁예는 이미 왕건의 세력을 견제하기 위해 905년, 후고구려의 수도를 왕건 가문의 근거지였던 송악에서 강원도 철원으로 한 차례 이전하기도 했습니다. 궁예 역시 호족을 등에 업고 세력을 키워나갔던 경험이 있었으니 자칫 왕건의 세력이 더 커지면 후고구려 왕인 자신에게 반기를 들지도 모른다고 끊임없이 의심했을 것입니다. 이러한 궁예의 의심을 피해야 했던 왕건은 유천궁의 가문을 멀리하고 유씨와의 혼례를 뒤로 미룰 수밖에 없었습니다.

유씨가 비구니로 출가한 사이, 왕건은 몇 년간 계속된 나주 점령전으로 고군분투하고 있었습니다. 치열한 접전을 해오던 왕건은

909년 후백제로부터 나주 지역을 완전히 빼앗는 데 성공합니다. 왕건이 유씨가 있던 정주를 떠나 전쟁을 시작하고, 무려 6년 만에 이룩한 쾌거였지요. 왕건은 나주 지역에 군사를 주둔시켜 방어선을 단단히 구축한 뒤, 본국의 수도인 철원으로 되돌아갑니다. 그리고 철원으로 돌아간 왕건은 급하게 무언가를 진행하기 시작했습니다. 바로 자신의 혼인 준비였지요.

왕건 역시 전쟁터에서도 유씨를 잊지 못했습니다. 그리고 나주를 점령하고 귀환하는 길에 정주를 지나면서 유씨가 비구니가 되었다는 소식도 들었겠지요. 그동안은 전쟁과 정치적 상황 때문에 유씨를 데려오는 일이 조심스러웠지만, 유씨가 자신을 기다리며 비구니까지 되었으니 더 이상 그녀를 그대로 둘 수 없었겠지요. 그렇게 왕건과 유씨는 만난 지 6년 만에 드디어 혼례를 치렀습니다.

두 번째 혼맥과 첫아이의 탄생

요충지였던 나주 땅까지 점령하고 난 뒤, 왕건은 이제 유씨와 애틋한 신혼 생활을 즐기기만 하면 되었을까요? 그런데 두 사람이 혼인하고 얼마 뒤, 왕건은 갑자기 새로운 식구라며 또 다른 한 사람을 집안에 들였습니다.

현릉 태조 왕건과 신혜왕후 유씨의 합장릉으로 개성시 해선리에 있다. 국립중앙박물관 제공.

> "오씨는 나주 사람이다. (…) 태조가 불러 사랑하였다."
>
> 《고려사》 88권, 열전 태조 후비 장화왕후 오씨

　왕건이 유씨와 혼인한 지 얼마 되지 않아, 나주 지역 출신의 오씨와 사랑에 빠졌던 거예요. 심지어 왕건은 오씨와 정식으로 혼례까지 치릅니다. 대체 왜 왕건은 자신을 기다려준 첫째 부인 유씨를 두고서 금세 또 다른 부인을 맞이한 걸까요?

　왕건이 잇달아 혼인을 치르게 된 사건의 전말은 이렇습니다. 왕건은 나주를 점령한 뒤 다시 철원에 돌아와서도 군사들이 있는 나주를 자주 오갔습니다. 나주를 호시탐탐 되찾으려는 후백제 견훤의 움직임을 견제하기 위해서였지요. 그러던 어느 날, 여느 때와 다를 바 없이 나주에 출진한 왕건의 눈앞에 기이한 광경이 펼쳐집니다. 저 멀리 오색구름이 자욱한 모습이었지요. 왕건은 신기해하며 오색구름이 자욱한 곳으로 홀린 듯이 다가갔습니다. 그때 어떤 장면이 펼쳐졌을까요? 선녀같이 아름다운 한 여인이 우물가에서 빨래를 하고 있었습니다. 이 여인이 바로 오씨였지요.

마침 목이 탔던 왕건은 오씨에게 "목이 마르니 물 한 바가지 주시겠소?"라고 청했습니다. 그러자 오씨는 물 한 바가지를 뜨더니 그 위에 버들잎을 넣어서 왕건에게 건네주었습니다. 의아했던 왕건은 "왜 나뭇잎을 띄워서 주는 것이오?"라고 물었지요. 오씨는 이렇게 대답합니다.

"급히 물을 마시면 체할지 모르니, 천천히 드시도록 버들잎을 띄운 것입니다."

왕건은 오씨의 깊은 마음과 지혜로움에 완전히 반했고 이내 두 사람 사이에 사랑의 감정이 싹텄습니다. 왕건은 오씨와 하룻밤을 보내게 되었고 그렇게 만난 오씨를 두 번째 부인으로 맞이하게 된 것입니다. 왕건과 오씨가 극적으로 만난 이 이야기는 나주에서 전해져 내려오는 설화에서 확인할 수 있습니다.

하지만 왕건의 두 번째 결혼에도 숨겨진 뒷이야기가 있지요. 이번 결혼 역시 오씨에 대한 사랑의 감정뿐만 아니라 왕건의 정치적 판단도 포함된 결과였습니다. 전남 나주는 후백제 배후에 위치해

나주 **완사천** 나주 오씨가 왕건에게 물그릇을 건네주었다고 전해지는 빨래샘. 완사천의 샘물은 아무리 심한 가뭄이 들어도 물이 마르지 않았다고 한다. 문화재청 제공.

있어 전략적으로 중요한 지역이라고 했지요? 왕건의 군대가 계속 나주에 주둔하려면 나주 호족들의 조력이 필요했습니다. 바로 오씨가 나주 유력 호족의 딸이었던 것이지요. 왕건은 야망 있는 인물이었습니다. 자신의 편이 되어줄 호족들이 필요한 상황에서 왕건은 혼인으로 끈끈한 자신의 편을 만드는 일, 즉 혼맥婚脈을 통해 또다시 자신의 세력을 키운 것입니다.

왕건이 첫째 부인 유씨를 두고, 둘째 부인 오씨마저 들인 상황에 두 부인의 심정은 어땠을까요? 아무래도 서로 눈치를 보며 견제할 수밖에 없었겠지요. 서로를 견제한 건 두 부인의 아버지도 마찬가지였어요. 당시 결혼은 집안과 집안 간의 결합이었습니다. 정주 지역 유씨의 아버지, 나주 지역 오씨의 아버지도 자신들의 권력을 위해 서로를 견제하며 눈치를 살피지 않았을까요?

왕건이 2명의 부인을 들이고 결혼 생활을 이어가던 912년, 드디어 왕건의 첫아들이 탄생합니다. 첫째 부인 유씨와 둘째 부인 오씨 중 과연 누구의 아들이었을까요? 왕건의 첫아들을 낳은 건 바로 둘째 부인 오씨였습니다. 유씨보다 혼인은 늦었으나 먼저 아들을 낳은 것이지요.

그런데 오씨의 출산에는 충격적인 이야기가 숨겨져 있습니다. 사실 왕건은 둘째 부인이 아이를 낳는 것을 원하지 않았다고 해요. 실제로 오씨와는 자식을 보지 않겠다는 충격적인 발언까지 했지요. 왕건은 왜 이런 말을 했던 걸까요?

"왕후의 집안이 측미側微하므로 임신시키지 않고자 하였다."

《고려사》 88권, 열전 태조 후비 장화왕후 오씨

'측미'라는 말은 가난하고 출신이 변변치 않다는 뜻입니다. 즉, 오씨 집안의 세력이 약하므로 왕건이 오씨를 임신시키려 하지 않았다는 말입니다. 오씨 부인의 집안은 부유한 나주의 토호 세력이었습니다. 하지만 둘째 부인인 오씨 집안보다 첫째 부인인 유씨 집안의 세력이 더 컸던 것으로 보여요. 그래서 왕건은 유씨에게서 아들을 얻는 게 더 합당하고 생각했을 것입니다. 왕건은 세력, 재산 등 여러 상황을 고려해 오씨의 임신을 피해왔던 것이지요. 이렇게 왕건이 단호하게 선언까지 한 마당에, 오씨는 어떻게 임신을 했던 걸까요? 아이를 갖고 싶었던 오씨가 왕건에게 적극적으로 구애를 했고 각고의 노력 끝에 아이를 갖게 된 것입니다.

그렇게 태어난 왕건의 첫아들의 이름은 왕무였지요. 본인의 뜻과 달리 오씨가 낳은 아이지만, 왕건은 첫아이이자 맏아들인 왕무를 몹시 아끼고 예뻐했습니다.

첫아들이 태어나고 아버지가 된 왕건은 장수로서의 삶도 순풍에 돛을 단 듯 승승장구했습니다. 왕건이 전쟁에 나갈 때마다 든든한 경제력과 군사력을 가진 부인들의 집안이 큰 도움이 되었지요. 얼마 후, 왕건은 지금의 국무총리 격으로 아주 높은 관직인 시중侍中 자리까지 오르게 됩니다. 왕건이 명실상부한 후고구려의 이인자 자리에 올라선 것입니다.

새로운 왕으로
추대되다

918년 음력 6월 15일, 인적이 드문 캄캄한 밤에 후고구려의 지축을 흔들 만한 사건이 벌어졌습니다. 사건은 왕건의 집에서 시작되었습니다. 누군가 어둠을 틈타 왕건의 집 문을 세게 두드린 것입니다. 집에 있던 왕건이 한밤중에 이게 무슨 소란인가 하고 문을 열자 후고구려의 핵심 신료들이 문 앞에 서 있는 것이 아니겠어요? 홍유, 배현경, 신숭겸, 복지겸이라는 4명의 신료들이었습니다. 그들은 대뜸 무릎을 꿇더니, 왕건에게 말합니다.

"지금 정치가 어지럽고 나라가 위태롭습니다. 폭군을 물리치고, 새로운 왕이 되어주십시오!"

바로 자신들이 일으킬 혁명의 수장이 되어달라는 말이었습니다. 후고구려를 이끄는 핵심 신료들이 지금의 왕을 몰아내겠다니 이게 어찌된 일일까요? 이때 후고구려의 왕이었던 궁예는 병적으로 주변 사람들을 의심하고 있었습니다. 죄 없는 승려를 때려죽이는가 하면 부인 강씨가 바람피우는 것을 관심법으로 봤다며 불에 달군 쇠방망이로 찔러 죽이는 등 끔찍한 만행을 마구 저지르고 있었지요.

궁예의 폭정에 견디다 못한 신료들이 뛰어난 능력과 포용력까지 갖춘 왕건을 새로운 왕으로 추대하려고 남 몰래 찾아왔던 것이지요. 신료들의 간곡한 청을 들은 왕건은 어떻게 반응했을까요? 그는 정색하며 단호하게 거절했습니다.

"아무리 포악한 군주라도 충심을 가져야 할 신하가 군주를 칠 수는 없소."

왕건을 새로운 왕으로 세우겠다는 신료들과 이를 완강히 거절하는 왕건. 의견 차를 좁히지 못하는 그들 앞에 예상치 못한 인물이 등장했습니다. 바로 왕건의 첫째 부인 유씨였지요. 유씨는 왕건에게 직접 갑옷을 입혀주며 신료들의 말대로 혁명을 일으켜야 한다고 강하게 밀어붙였습니다. 거사가 잘못될 경우 집안 전체에 위기를 가져올 수 있는 위험을 무릅쓰고 유씨가 고민하던 왕건을 설득하기 위해 나선 것입니다. 확신에 찬 부인 유씨의 표정을 본 왕건은 이윽고 중대한 결정을 내렸지요.

"그대들의 뜻대로 새로운 왕이 되겠소!"

신료들의 설득에는 절대 거사를 일으킬 수 없다고 했던 왕건이 유씨의 설득에 마음을 바꾼 것입니다.

마침내 왕건은 부하들을 이끌고 궁궐로 향했습니다. 이때 왕건을 지지하며 뒤를 따르는 자들은 과연 얼마나 되었을까요? 무려 1만여 명이었다고 합니다. 왕건은 많은 백성의 지지 아래 궁궐에 무혈입성할 수 있었고 후고구려를 세웠던 궁예는 도망을 치다가 백성들의 손에 살해당하고 말았지요.

하루아침에 왕건은 왕위에 오르고, 새로운 나라 고려를 건국하게 됩니다. 그리고 왕건의 두 부인은 당당히 고려의 왕후 자리에 올라 훗날 유씨는 신혜왕후, 오씨는 장화왕후란 호칭을 얻게

궁예 후고구려를 세운 왕으로 본래 신라의 왕자였다는 설이 있다. 출가 후 지금의 원주인 북원의 호족 양길의 밑에서 힘을 길렀다. 한때 후고구려의 땅이 한반도의 3분의 2를 차지했을 만큼 세력을 떨쳤으나 말년에 미륵불을 자처하며 폭정을 일삼았다. 칠장사 소장.

되지요.

그러나 왕건이 즉위한 지 불과 4일 후인 918년 음력 6월 19일, 예상치 못했던 사건이 벌어집니다. 궁궐에서 조정 신료들과 국정을 논의하던 왕건에게 커다란 위협이 닥친 것이지요.

> "환선길이 부하 50여 인과 함께 무장하고는 동쪽 곁채에서 안뜰로 돌입하여 곧장 태조를 해치려 하였다."
>
> 《고려사》 127권, 열전 반역 환선길

궁궐 수비를 담당하던 장군 환선길이 역심을 품고 부하 50여 명을 무장시킨 후 새 나라의 왕을 죽이겠다며 왕건을 습격한 것입니다. 다시 말해, 궁궐 한복판에서 왕건의 목숨을 노린 역모 사건이 발생한 것이지요.

환선길이 쳐들어왔을 때 왕건은 완전히 무방비 상태였습니다. 어느새 왕건 앞에 당도한 환선길은 칼을 겨누며 위협적으로 다가갔습니다. 새 나라를 일으킨 지 얼마 되지 않아 닥친 시련! 왕건의 목숨은 바람 앞의 촛불처럼 위태로웠지요. 그런데 어찌된 일일까요? 칼을 겨눈 환선길 앞에서 왕건은 눈 하나 깜짝하지 않고, 태연하게 그를 쳐다봤습니다. 그리고 왕건은 환선길과 수십여 명의 암살자를 향해 호통을 쳤습니다.

"짐이 비록 신하들의 힘으로 왕이 되었지만, 어찌 하늘의 뜻이 아니겠는가? 네가 감히 이럴 수 있느냐!"

왕건의 호통에 깜짝 놀란 환선길은 부하들을 데리고 부리나케 도망쳤습니다. 왕건이 절체절명의 상황에도 당당하니 환선길은 '매복한 군사가 있는 것이 분명하다!' 하고 생각했던 것이었습니다. 그럼 정말로 매복한 군사가 있었을까요? 아니었습니다. 왕건은 생명이 위험한 상황에서도 침착하게 강인한 기백만으로 역모자들을 물리쳤던 것입니다. 도망쳤던 환선길은 얼마 후 왕건이 보낸 군사들에게 잡혀 목숨을 잃었습니다.

환선길이 일으킨 역모 사건은 혼란스러웠던 고려 초기의 상황을 여실히 보여줍니다. 갑자기 나라의 주인이 바뀌다 보니 혼란한 정국에 민심이 흉흉할 수밖에 없었겠지요. 모든 신료와 호족이 진심으로 왕건을 인정한 게 아니었던 것입니다. 왕을 호위해야 할 군사로부터 도리어 목숨을 위협받을 만큼 어수선한 내부 상황과 호시탐탐 고려를 치려고 기회를 엿보는 후백제까지, 왕건은 자신의 왕권을 강화할 만한 뾰족한 수가 절실한 상황이었습니다.

왕권 강화를 위한
왕건의 특급 대책

새 나라 고려를 세운 왕건에게는 무엇보다 자신을 믿고 충성을 바칠 신하들이 필요했습니다. 고심을 거듭한 왕건은 왕권을 강화하기 위한 특단의 대책을 내놓습니다. 또다시 새로운 부인을 맞이하는 것이었지요. 왕건은 2명의 새로운 부인을 맞이했습니다. 새로운 부인은 제3비 신명순성왕태후, 그리고 제4비 신정왕태후였지요. 이로써 왕건은 즉위 전에 맞이한 2명의 부인을 포함해 총 4명의 부인을 두게 됩니다.

여기에서 새로운 부인들의 출신 지역을 한번 살펴볼 필요가 있습니다. 먼저 제3비인 신명순성왕태후는 충주 지역 호족의 딸이었습니다. 충주는 한반도의 중심에 위치해 있어 후백제와 신라로 연결되는 교통의 요충지였지요. 남한강을 끼고 있어서 수로를 이용하기에도 용이했습니다. 게다가 충주는 풍부한 철이 매장되어 있는 지역이기도 했습니다. 철은 전쟁에 필요한 무기나 농기구를 생산할 수 있으니 그야말로 금싸라기 땅이었지요. 이런 대단한 지역 출신인 신명순성왕태후는 혼인한 후에도 왕건의 깊은 총애를 받았다고 합니다.

그렇다면 제4비 신정왕태후의 집안은 어땠을까요? 신정왕태후는 황해도에 있는 황주 지역 호족의 딸이었습니다. 황주는 통일신라 시대부터 북쪽의 국경을 수비하기 위해 막강한 군사를 상주시키던 군사 요충지였지요. 게다가 황주라는 지역이 고려의 수도를 기준으로 북쪽에 위치한 점도 주목할 만합니다. 만약 왕건이 남쪽에 있는 후백제와 맞서 싸울 때, 황주 지역이 후백제와 손을 잡거나 반란을 일으키면 어떻게 될까요? 고려의 수도인 개경이 위험해지겠지요. 그러니 왕건에게는 고려의 안정을 위해서도 황주 호족의 딸인 신정왕태후와의 혼인이 중요했을 것입니다.

충주와 황주의 위치

이처럼 왕건이 새롭게 맞이한 부인들도 각 지방 유력 호족의 딸이었습니다. 호족을 자신의 편으로 포섭하기 위해 왕건은 정략혼인이라는 방법을 취했던 것이지요. 철저한 정치적 계산에 입각해 내린 판단이었습니다.

왕건이 내린 특급 대책은 여기서 끝나지 않았습니다. 호족들에게 "우리는 하나다!"라는 강한 유대감을 심어주기 위해 '사성정책賜姓政策'을 시행했지요. 사성정책은 성을 하사하는 정책으로 호족들은 왕족의 왕씨 성 혹은 새로운 성을 받았습니다. 당시에 성을 갖는 것은 엄청난 우대를 뜻했습니다. 심지어 왕건과 같은 개성 왕씨를 쓴다는 것은 왕실의 일원, 즉 한 가족으로 묶인 것을 의미했지요. 호족들에게 성을 부여함으로써 소속감과 자부심을 불어넣어 왕건의 측근으로 똘똘 뭉치게끔 만들 목적이었지요. 이처럼 왕건은 각 지역 호족과의 혼맥과 사성정책을 통해 유력 호족들을 포섭해 미약했던 왕권을 점차 안정시켜 나갔습니다.

고려 왕실의
정윤 쟁탈전

왕건이 2명의 부인을 연달아 들인 시기쯤, 왕건의 가족관계가 또 한 번 바뀌는 일이 발생합니다. 왕건이 또 혼인을 하게 된 것이지요. 새로운 부인의 이름은 정덕왕후였습니다. 그런데 정덕왕후가 왕실에 들어오게 된 계기는 앞선 4명의 부인들과는 조금 달랐습니다. 정덕왕후는 왕건이 호족을 포섭하려고 들인 부인이 아니었거든요.

놀랍게도 정덕왕후는 첫째 부인인 신혜왕후와 같은 정주 유씨 집안 출신이었습니다. 첫째 부인 신혜왕후가 있었는데 같은 집안의 부인을 들인 이유는 무엇일까요? 그 이유는 왕건과 신혜왕후 사이에 자식이 없기 때문이었습니다. 혼인한 지 10년이 넘었는데도 자식 소식이 없자 정주 유씨 집안은 정덕왕후를 왕건의 새 부인으로 들이게 하는 특단의 조치를 취했던 것이지요.

사실 신혜왕후의 집안에서 후사 문제에 이토록 노심초사한 이유는 따로 있었습니다. 왕건은 당시로서는 적지 않은 나이, 40대에 접어들어 후계자를 정해야 할 시기가 임박해 있던 것이지요. 이때 왕건의 부인들은 후계자 자리를 두고 치열한 경쟁을 벌이고 있었습니다.

고려 초기에는 왕위 계승권자를 '바를 정正'에 혈통과 후손을 의미한 '윤胤'을 써서 '정윤'이라고 불렀습니다. 정윤은 조선 시대의 세자와 같은 위치라고 생각하면 됩니다. 왕실에서는 누가 정윤의 자리를 차지할 것인지가 초미의 관심사였지요.

왕건의 자식으로는 누가 있었지요? 둘째 부인 장화왕후 사이에서 낳은 아들 왕무가 유일했지요. 유일한 자식이자 맏아들인 왕무를 정윤으로 택하면 되지 않았을까요? 하지만 걸림돌이 있었습니다. 앞서 말했듯 둘째 부인 장화왕후의 집안 때문이었지요. 더군다나 저마다 유력한 집안 간 신경전 속에 왕건 역시 선뜻 왕무를 정윤으로 선택하기 어려운 상황이었지요.

그러던 어느 날, 고려 왕실의 후계 구도에 판도를 뒤집는 일이 벌어집니다. 고려 왕실 내 부인들의 이목이 한곳으로 집중될 만한 일이었지요.

> "신명왕태후 유씨는 태자 왕태를 (…) 낳았다."
>
> 《고려사》 90권, 열전 종실 태조 소생 왕자

신명왕태후는 왕건의 제3비인 신명순성왕태후를 말합니다. 왕건이 정윤 책봉을 고민하던 그 시기에 신명순성왕태후가 왕건의 둘째 아들 왕태를 출산한 것이었지요. 신명순성왕태후는 막강한 위세를 자랑하는 충주를 친정으로 두고 있다고 했지요. 이대로라면 집안의 힘이 약했던 장화왕후의 아들 왕무는 후계자 경쟁에서 밀려나고, 권세 높은 집안 출신인 신명순성왕태후의 아들이 정윤으로 책봉될 가능성이 높았지요. 과연 정윤의 자리를 차지할 최후의 승자는 누구였을까요?

후계자 선정을 주도하는
보이지 않는 손

맏아들 왕무와 둘째 아들 왕태의 이파전이 계속되던 어느 날, 왕건은 고려의 신료들과 정윤의 자리를 놓고 열띤 논의를 이어가고 있었습니다.

"맏아들인 왕무가 정윤이 되어야 합니다!"

"아닙니다, 가문이 출중한 왕태가 정윤이 되어야 합니다!"

바로 그때, 의견이 충돌하는 신료들 사이를 뚫고 한 사람이 왕건의 앞으로 나섰습니다. 그는 고려에서 용맹하기로 이름난 장군 박술희였습니다. 박술희는 당시 고려에서 관료가 받을 수 있는 최고 품계인 대광大匡의 자리에 오른 인물이자 왕건이 깊이 신뢰하는 최측근이기도 했지요. 박술희는 지금까지 왕건의 후계자 선정 논의에서 줄곧 지켜보기만 하던 입장이었습니다. 그랬던 박술희가 갑자기 신료들과 왕건 앞에 나선 것입니다.

"폐하의 맏아들인 왕무 태자를 정윤으로 삼으시옵소서!"

신료들은 박술희의 갑작스러운 지지 발언에 깜짝 놀랐지요. 중립을 지키고 있던 박술희는 왜 왕무를 지지하고 나선 걸까요? 왕건과 조정 신료들이 정윤의 자리를 놓고 논쟁을 벌이기 전으로 시간을 되돌려 보겠습니다. 그 배후에는 왕무의 어머니인 장화왕후가 있었지요. 장화왕후는 비밀스럽게 박술희를 불러들여 심상치 않은 눈빛으로 그에게 무언가를 쓱 내밀었습니다.

"폐하께서 제게 직접 하사하신 물건입니다."

의문의 상자 안에 든 물건을 확인한 박술희는 화들짝 놀랐습니다. 왕건이 장화왕후에게 선물한 물건의 정체는 고려의 왕만이 입을 수 있는 옷, 자황포赭黃袍였기 때문이지요. 자황포는 황금빛에 가까운 주황빛이 도는 용포로, 고려 초기 왕실에서 임금이 입던 옷 중 하나입니다. 왕건이 왕만 입을 수 있는 옷을 장화왕후에게 선물했다는 건, 곧 장화왕후가 낳은 맏아들 왕무를 후계자로 밀어주겠다는 의미가 담겨 있었습니다. 박술희는 찰떡같이 왕건의 속뜻을 이해하고 왕건의 뜻대로 조정에서 왕무를 지지하는 의견을 냈던 것이지요.

왕건은 이미 오래전부터 고려의 왕위를 둘러싸고 분쟁이 일어날 것을 우려하고 있었습니다. 고려 초기에는 명확한 왕위 계승 원칙이 없었기 때문이지요. 만약 집안의 세력에 따라 후계자 계승이 이뤄지면 어떻게 될까요? 세력의 크기는 정확히 재거나 딱 잘라 얘기할 수 없는 불명확한 기준이었습니다. 고민 끝에 왕건은 장자 계승이 합리적인 방안이라고 판단해 왕무를 정윤으로 삼고자 했던 것이지요.

그러나 왕건이 대놓고 왕무를 정윤으로 책봉하려 했다면 어떻게 됐을까요? 왕무의 정윤 책봉을 막으려는 신료들의 극심한 반대에 부딪혔겠지요. 게다가 각 지역의 호족들로부터 나주 호족 집안인 왕무를 편애한다는 오해도 받게 되지 않겠어요? 그래서 왕건은 측근 박술희를 이용해 정윤 책봉에 대한 논의를 주도하려 했던 것입니다.

이렇듯 왕건은 혼맥을 통해 세력을 넓혀가면서도 앞서 일어날 분쟁을 예측하면서 자신이 원하는 방향으로 흘러가게끔 철두철미하게 판을 주도하고 있었습니다. 안정적인 국정 운영을 꿈꾸며 고려 내부의 문제들을 차근차근 해결해 나가고 있었던 것이지요.

신혜왕후를 따라
머리를 깎은 자매

921년 마침내 맏아들 왕무가 정윤에 책봉되었습니다. 왕건은 자신의 뒤를 이을 후계자가 생겼다는 생각에 든든했겠지요. 하지만 왕건의 계획은 이게 끝이 아니었습니다. 왕건은 더 원대한 그림을 그리고 있었지요. 이후로도 왕건은 혼맥을 멈추지 않았습니다. 왕건이 들인 부인의 수를 전부 세어보면 그 수가 무려 29명이나 됩니다. 이들 사이에서 나온 아들이 25명이었고 딸은 9명이나 됐지요.

왕건처럼 29명의 부인을 두는 건, 이후 고려 왕실에서도 전무후무했던 일이었습니다. 물론 고려의 다른 왕들도 여러 부인을 두긴 했지만 평균 수는 3.2명 정도로 그 숫자가 왕건처럼 많지는 않았지요. 고려 제4대 왕인 광종 이후에는 호족 세력을 통합하기 위해 혼맥을 맺는 일이 사라졌던 만큼 왕건의 정략혼인은 특수한 정책이었습니다.

왕건이 이렇게 많은 혼맥을 만드는 중에 다소 황당한 사건이 벌어지기도 했습니다. 어느 날 왕건이 지금의 평양인 서경으로 행차했을 때의 일이었지요. 서경에 도착한 왕건의 뒤를 누군가가 황급

		광주원부인	소광주원부인	동산원부인	예화부인	
해량원부인	대명주원부인	신명순성왕태후	신정왕태후	신성왕태후	정덕왕후	대서원부인
몽량원부인	후대량원부인	장화왕후	왕건	신혜왕후	헌목대부인	소서원부인
월경원부인	흥복원부인	천안부원부인	숙목부인	동양원부인	정목부인	서전원부인
	의성부원부인	성무부인	소황주원부인	월화원부인	신주원부인	

왕건의 혼맥

히 쫓아왔습니다. 그는 왕건의 서경 행차를 알게 된 김씨 성의 호족이었지요. 김씨는 무슨 일로 왕건을 쫓아온 걸까요? 그는 왕건을 향해 간절하게 말했습니다.

"폐하를 모실 수 있는 영광을 주십시오!"

호족 김씨는 왕건이 자신의 집에 머물 것을 청했습니다. 왕건은 간절한 청에 김씨의 집에서 이틀을 머물기로 했습니다. 그리고 그날 밤 김씨는 왕건이 소스라치게 놀랄 일을 벌였습니다.

"태조가 이틀 밤을 머무는 동안 두 딸을 각각 하룻밤씩 모시게 하였다."

《고려사》88권, 열전 태조 후비 소서원부인 김씨

놀랍게도 김씨가 자신의 두 딸에게 각각 하룻밤씩 왕건을 모시며 동침하게 했던 것입니다. 자매가 동시에 한 남자를 남편으로 삼아야 하는 상황까지 벌어지고 만 것이지요. 김씨의 속셈대로 두 딸은 왕건과 혼인해 궁궐로 들어갈 수 있었을까요? 아니었습니다. 이런 일이 생길 때마다 왕건이 혼례를 치르고 여인을 궁궐에 데려갈 수는 없는 상황이었어요. 왕건은 자매를 부인으로 삼긴 했지만, 서경에서 계속 살도록 했지요.

그런데 왕건이 수도로 돌아가고 얼마 후, 서경에 있던 자매가 뜻밖의 돌발 행동을 벌였습니다.

"두 딸은 모두 출가하여 비구니가 되었다."

《고려사》 88권, 열전 태조 후비 소서원부인 김씨

자매가 나란히 머리를 깎고 비구니가 되어버린 것입니다. 그런데 이 행동, 어디서 들어본 익숙한 이야기 아닌가요? 왕건을 기다리는 마음을 보여주기 위해 비구니가 되었던 첫째 부인 신혜왕후를 떠오르게 하지요.

자매의 아버지인 김씨는 두 딸이 비구니가 되어 왕건을 향한 마음을 지키면 신혜왕후 때처럼 왕건이 감동하여 자매를 궁궐로 데려갈 거라고 생각했던 것 같습니다. 그리고 마침내 이 소식은 왕건의 귀에까지 들어가게 됩니다. 왕건은 자매를 수도로 불러들였지요. 하지만 왕건은 비구니가 된 자매에게 예상 밖의 충격적인 한마디를 던졌습니다.

"그대들이 이미 출가했으니 뜻을 뺏을 수 없네."

이미 비구니가 되었으니, 그 뜻대로 평생 비구니로 살라는 말이 아니겠어요? 왕건은 신혜왕후의 선례를 따라한 김씨의 속셈을 간파했던 것으로 보입니다. 딸들을 이용해 권력을 얻으려 했던 마음이 훤히 보였던 것이지요. 왕건은 만약 김씨의 두 딸을 받아주면 앞으로도 이와 비슷한 일이 반복될까 봐 우려했던 것 같습니다. 그러니 이번에는 자매더러 비구니로 살라고 공식적인 자리에서 이야기한 것이지요.

왕건은 자매를 돌려보낸 후 부인들이 지낼 절을 지으라는 명을 내렸습니다. 이윽고 왕건의 명에 따라 서경에 '대서원', '소서원'이라는 절이 지어졌지요. 자매는 절의 이름을 따서 대서원부인, 소서원부인이라고 불리게 되었습니다. 자매는 그곳에서 평생을 살게 되었지요.

파죽지세의 견훤,
왕건에게 투항하다

불안정했던 고려 내부도 혼맥을 통한 왕건의 왕권 강화로 서서히 안정을 찾아가고 있었습니다. 그런데 927년 음력 9월, 왕건의 치세가 안정되고 있던 그때 고려 전체가 경악에 빠질 만한 사건이 터졌습니다. 후백제의 왕 견훤이 기습적으로 신라를 공격한 것이지요. 금세 신라의 수도 경주까지 점령한 견훤은 신라 제55대 왕 경애왕을 자결하게 하고 허수아비 왕을 세운 뒤 신라 왕실을 손아귀에 넣었습니다. 이런 판세라면 후백제가 삼국을 통일할 수도 있는 위기의 상황이었지요. 왕건은 최대 숙적, 견훤의 기세를 어떻게든 꺾기 위해 판을 뒤엎을 전략을 세웠습니다.

"태조는 정예의 기병 5천 명을 거느리고 견훤을 공산 아래에서 기다렸다가 크게 싸웠다."

《삼국사기》50권, 열전 견훤

왕건은 견훤이 신라를 혼란에 빠뜨린 뒤, 지금의 대구에 있는 팔공산을 거쳐 후백제로 돌아갈 계획이라는 정보를 입수했습니다. 이에 5천 명의 기병을 이끌고 견훤의 회군 길을 치기 위한 매복 작전을 펼치기로 했지요. 이 작전이 제대로 먹힌다면 견훤의 목숨을 노릴 수 있는 절호의 기회였습니다.

견훤의 후백제군을 맞닥뜨린 왕건의 고려군! 왕건은 고려군을 이끌고 견훤의 후백제군을 기습 공격했습니다. 이 전투를 공산전투라 부르지요. 결과는 어땠을까요? 왕건의 참혹한 대패였습니다. 고려군은 거의 전멸되었고 왕건은 후백제군을 피해 갑옷까지 벗고 허둥지둥 도망쳐야 했지요. 공산전투에서 패배한 왕건은 충신들 덕분에 가까스로 목숨만 구해 고려로 돌아갈 수 있었습니다.

견훤과 후백제군에게 비참하게 패배한 후, 왕건은 계속해서 수세에 몰립니다. 심지어 기세가 한껏 오른 견훤에게 장화왕후의 고향인 나주까지 빼앗기고 말았습니다. 견훤에게 연이어 대패한 것이지요. 견훤의 계속된 공세에 왕건은 '이렇게 삼국 통일의 판세가 견훤에게 기우는 것인가!' 하고 절망스러웠겠지요.

그런데 935년, 왕건의 입장이 완전히 전화위복하는 엄청난 일이 벌어집니다. 누군가가 왕건에게 다급히 도움을 요청한 것입니다.

신숭겸장군유적 고려 개국공신 중 한 명인 신숭겸은 공산전투에서 고려군이 포위되자 왕건과 옷을 바꾸어 입고 왕건을 피신시킨 뒤 싸우다 전사했다. 후삼국을 통일한 뒤 왕건은 그가 죽은 자리에 순절단을 쌓고 절을 세워주었다. 순절단과 절은 고려 말에 사라졌지만 이후 후손들이 그 터에 표충사와 순절비를 세웠다. 대구시 지묘동 소재. 문화재청 제공.

상대는 다름 아닌 왕건의 최대 라이벌인 견훤이었지요. 기세 좋게 신라와 고려를 위협하던 견훤이 고려에 귀부하고 싶다는 파격적인 의사를 밝혔던 것입니다.

대체 그에게 무슨 일이 일어났던 걸까요? 전말은 이랬습니다. 견훤에게는 10여 명의 아들이 있었습니다. 그중 넷째 아들인 금강을 특히 사랑했던 견훤은 금강을 후계자로 삼고 왕위를 계승하고자 했지요. 그러자 견훤의 맏아들이었던 신검이 이에 앙심을 품고 후백제에서 반란을 일으켰던 것입니다. 신검은 아버지인 견훤을 폐위시키고 금산사라는 절에 유폐해 버렸지요.

절에서 간신히 도망친 견훤은 하루아침에 후백제의 모든 실권을 잃고 왕건에게 투항하는 신세가 되었습니다. 이에 왕건은 견훤에게 "잘 오셨습니다"라며 두 팔 벌려 환영하고, 궁궐에서 극진히 대접했지요.

그러나 적국에 투항한 견훤이 언제든 마음을 바꿔 왕건을 배신할 가능성도 배제할 순 없었습니다. 왕건은 견훤을 완전히 자신의 사람으로 만들 계책을 세웁니다. 지금껏 왕건이 실행해 온 특별한 계책, 혼맥이었습니다. 왕건은 견훤의 외손녀인 동산원부인과 정

김제 금산사 미륵전 전북 김제시 모악산에 위치한 금산사의 불전. 견훤은 이곳에 3개월간 유폐되었다가 감시가 소홀한 틈을 타 막내아들과 딸 등을 데리고 나주로 도망쳤다. 문화재청 제공.

략혼인을 하기로 합니다. 왕건이 견훤의 손녀 사위가 됨으로써, 두 왕실을 한 가족으로 단단히 묶고자 한 것이었지요. 게다가 이 혼인 정책은 후백제인에게 왕건에 대한 이미지 메이킹도 제대로 해주었습니다. 고려는 후백제인을 차별하지 않는다, 고려로 투항한 후백제인을 환대한다는 인식을 머릿속에 심어주었지요.

삼국 통일의 마침표
고려 역사의 서막

견훤이 투항하고 불과 몇 개월 뒤, 또 한 번 놀라운 일이 일어났습니다. 더 이상 신라의 미래에 승산이 없다고 판단한 신라 경순왕이 왕건에게 신라를 바치며 고려에 투항하겠다고 결정한 것이지요. 천 년의 역사를 지닌 신라가 멸망하는 순간이었습니다.

그런데 신라가 멸망하고 얼마 후, 고려 궁궐이 한바탕 시끌벅적해졌습니다. 왕건이 새로운 여인과 또 혼례를 올렸거든요. 이번 혼인 상대는 신성왕태후로 신라 경순왕의 사촌이었습니다. 고려 왕실과 신라 왕실이 사돈을 맺게 된 것이지요. 왕건이 신라 왕실의 일원이 된다는 건, 왕건에 대한 신라인들의 거부감을 없애는 일이었습니다. 혼맥을 통해 왕건은 신라 왕실의 정통성을 가져갈 수 있고, 신라 왕실은 물론 백성들까지 포섭할 수 있게 된 것이지요. 이처럼 왕건은 신라와 후백제의 백성을 흡수하기 위해 각 나라 왕실과 사돈을 맺었던 것입니다.

936년, 신라가 고려에 흡수된 지 불과 1년 뒤 마침내 후백제의 신검이 왕건에게 백기를 들고 투항해 옵니다. 신라에 이어 후백제가 멸망한 것이지요. 왕건이 즉위 18년 만에 간절히 꿈꾸던 삼국 통일을 이뤄내는 순간이었습니다. 그리고 그의 곁에는 29명의 부인이 있었지요.

29번의 혼인, 지금 들으면 너무나 이상한 이야기입니다. 하지만 그 뒷이야기를 살펴보면 왕건의 정략혼인이 흩어져 있던 호족 세력을 하나로 모으고 고려를 치세할 수 있게 한 기막힌 선택이었음을 알 수 있습니다. 어쩌면 이 덕분에 혼란스러웠던 후삼국 시대를 통일한 나라는 후백제도 신라도 아닌 고려가 되었던 것일지도 모릅니다.

한반도를 통일한 고려는 이로써 500년 역사의 서막을 올리게 됩니다. 그 시간 동안 고려는 우여곡절도 겪었지만 눈부신 문화를 꽃피우고 주변국과 교역하며 경제 성장을 이뤄냈습니다. 11세기부터는 가까운 송나라는 물론이고 아라비아와 같이 먼 나라와도 교류하며 국제적으로 위상을 드러냈지요. 이때 고려 땅에 당도한 아라비아 상인들이 부른 고려의 국호가 '코리아'입니다. 천 년이 지난 지금까지도 국제 무대에서 우리나라를 뜻하는 이름이지요.

2장

벌거벗은
태후의 시대

이명미(경북대학교 사학과 교수)

고려 최초의 섭정 천추태후는 어쩌다 몰락했나

생전에 남편, 친오빠, 아들, 조카를 모두 고려의 왕으로 두었던 여인이 한 명 있습니다. 그 여인은 바로 천추태후입니다. 그런데 화려한 이력이 이 여인의 전부가 아닙니다. 천추태후는 아들 목종이 고려 제7대 왕으로 즉위하자 아들을 대신해 섭정하며 왕에 버금가는 태후의 시대를 열었던 인물이지요. 그러나 권력의 정점에 있던 천추태후는 금지된 남자와 금지된 사랑에 빠지며 400여 년이 지나도록 두고두고 사람들의 입에 오르내리는 스캔들의 주인공으로 전락하게 됩니다.

천추태후는 고려 왕실의 여성에게 허락되지 않은 위험한 사랑을 좇다가 아들인 목종의 왕위는 물론이고 고려 왕실의 근간을 흔드는 거센 풍랑을 맞게 됩니다. 조선의 개국공신이었던 정도전은 문집 《삼봉집》에 천추태후가 벌였던 일을 두고서 "시초에 막지 못하였다가 아들과 어머니가 모두 재앙을 입었고, 사직이 거의 멸망할 뻔하였다"라고 기록하기도 했지요.

고려 왕실을 발칵 뒤집어놓았던 충격적인 스캔들의 주인공, 천추태후가 취했던 사랑은 어쩌다 후대 사람에게 비난받는 추문이 되었던 걸까요? 권력의 화신이었던 천추태후는 어쩌다 고려의 요부라 불리게 되었을까요? 천추태후의 위험한 사랑 이야기를 낱낱이 벗겨보겠습니다.

고려 왕실의
충격적인 가계도

고려 전기의 역사를 이해하는 데 절대 빼놓을 수 없는 여인, 천추태후의 뒷이야기를 벗겨보기 위해서 먼저 천추태후가 태어난 964년으로 시간을 되돌려보겠습니다. 천추태후의 출생에 아주 특별한 비밀이 숨겨져 있거든요. 천추태후는 태조 왕건의 손녀로 태어났습니다. 아버지 왕욱과 어머니 선의왕후 사이에서 태어난 고려의 로열패밀리 일원으로 남부럽지 않은 삶을 살았지요.

그런데 그저 평범해 보이는 왕족 천추태후의 가계도에는 깜짝 놀랄 만한 사실이 숨겨져 있습니다. 바로 천추태후의 아버지와 어머니가 둘 다 태조 왕건의 자식이라는 것입니다. 왕욱은 왕건의 제 4비인 신정왕태후가 낳은 아들이고 선의왕후는 제6비인 정덕왕후가 낳은 딸이었지요. 배다른 남매가 근친혼을 통해 낳은 딸이 천추태후인 셈입니다.

고려 왕실은 왜 근친혼을 택했을까요? 놀랍게도 왕실의 권위를 높이기 위한 방편이었습니다. 앞서 살펴보았듯 후삼국을 통일하고 고려를 건국한 왕건은 본래 송악을 기반으로 한 호족 집안 출신이었습니다. 새로운 나라를 세운 만큼 태조 왕건은 자신의 혈통을 특별한 혈통으로 만들 방법을 고심했을 것입니다. 그리고 신라 왕실의 근친혼 풍습에서 답을 찾았겠지요.

신라에는 '골품제骨品制'라는 독특한 신분 제도가 있었지요. 타

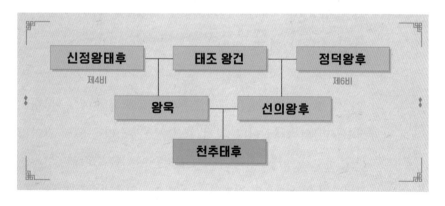

천추태후의 가계도

고난 혈통에 따라 등급을 매기는 골품제는 크게 왕족을 나타내는 '골'과 일반 귀족이나 평민에게 부여하는 '두품'으로 나뉘어 있었습니다. 이 중에서 '성골'은 김씨 왕족 중에서도 왕이 될 수 있는 자격을 가진 최고의 신분이었지요. 신라 왕실은 골품제를 바탕으로 왕권을 공고히하고 권력을 독점하기 위한 정치적인 수단으로 신분 내혼, 즉 근친혼을 선택했던 것입니다.

고려 역시 신라처럼 왕실 혈통끼리 결혼하는 것으로 혈통의 신성함을 유지하고, 순수한 혈통을 관리해 왕실의 권위를 높이려 했습니다. 실제로 고려 국왕이 몽골 공주와 결혼해야 했던 원 간섭기 이전까지 고려의 왕위는 대부분 근친혼을 통해 낳은 왕건의 후손에게만 계승되었지요.

천추태후의
파란만장한 결혼 생활

왕건의 핏줄을 이어받은 천추태후가 13살이 되던 어느 날, 수도 개경이 시끌벅적해집니다. 고려 왕실에 경사스러운 일이 벌어졌거든요. 바로 천추태후의 결혼식이 열리는 날이었습니다.

그렇다면 천추태후와 결혼한 상대는 누구였을까요? 고려의 제5대 왕 경종이었습니다. 경종은 고려의 제4대 왕 광종의 아들로 태조 왕건의 손자였지요. 그러니까 한마디로 경종과 천추태후는 사촌 관계였습니다. 13살이 된 천추태후가 고려 왕실의 관례대로 21살의 사촌 오빠 경종과 근친혼을 한 것입니다.

그런데 두 사람의 결혼에는 지금으로서는 절대 상상할 수 없는 충격적인 사실이 더 숨겨져 있습니다. 경종이 혼인한 신부가 천추태후만이 아니었던 것이지요. 천추태후의 여동생도 마찬가지로 경종과 결혼한 것입니다. 자매가 한 명의 왕, 그것도 사촌 오빠에게 시집을 가게 된 것입니다. 천추태후는 경종과 결혼하면서 '헌애왕후'라는 이름을 받았고, 천추태후의 여동생은 '헌정왕후'라는 이름을 받았지요.

자매가 한 명의 남편과 살게 된 상황에 천추태후는 어떤 심정이었을까요? 자신의 혈육인 여동생과 가깝게 지내긴 했겠지만, 또

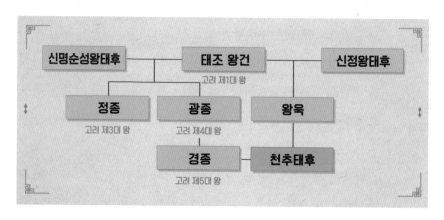

경종과 천추태후의 관계

한편으로는 묘한 경쟁심도 생기지 않았을까요? 혹시라도 왕위를 이을 후계자를 먼저 낳는 것은 아닐까 걱정도 되었을 것입니다.

천추태후가 결혼한 지 4년의 시간이 지난 어느 날, 드디어 경종의 얼굴에 웃음꽃이 만발하는 사건이 일어납니다. 경종이 첫아이 '왕송'을 품에 안게 된 것입니다. 그것도 대를 이을 아들이었지요. 고려 왕실 그리고 왕씨 가문의 핏줄을 이을 적통 후계자가 태어난 것입니다.

그렇다면 천추태후와 여동생 중 경종의 후계자를 낳은 사람은 누구였을까요? 왕송의 어머니는 천추태후였습니다. 천추태후가 여동생을 제치고 왕의 후계자를 출산한 것이지요. 유일한 후계자를 낳은 천추태후는 '이제 내 아들이 왕위에 오른다면 나도 평탄한 삶을 살겠구나' 하고 꽃길 가득한 미래를 꿈꾸지 않았을까요?

그런데 천추태후가 꿈꿨던 행복한 미래는 금방 산산조각이 나고 말았습니다. 천추태후가 아들을 낳고 1년 뒤, 경종이 26살의 나이로 요절하는 청천벽력 같은 일이 벌어진 것이지요. 왕비의 자리에서 탄탄대로를 걸으리라 생각했던 천추태후는 졸지에 남편을 잃고 홀로 남겨진 신세가 되었습니다. 이때, 천추태후의 나이는 겨우 18살에 불과했지요.

갑자기 세상을 떠난 경종의 뒤를 이어 왕위에 오른 사람은 고려 제6대 왕 성종입니다. 천추태후의 아들이자 경종의 유일한 자식 왕송이 제6대 왕이 되었을까요? 아니었습니다. 왕위에 오른 인물은 천추태후의 친오빠인 왕치였지요. 왕송이 이제 겨우 2살밖에 되지 않았고, 당시는 고려 초기였기에 무엇보다도 안정적인 국정 운영이 중요했습니다. 왕치는 왕건의 후손 중에서도 학식이 높고 현명하기로 소문이 자자했던 인물이었습니다. 병이 위중해진 경종은 후세를 정해야 하는 시점임을 깨닫고 왕치를 불러 "나의 뒤를 이으라"라고 말했습니다. 그리고 양위를 선언한 지 이틀 만에 세상을 떠났지요.

순식간에 왕비의 자리에서 내려오게 된 천추태후! 그녀의 심정은 어땠을까요? 아들이 어려서 왕위를 물려주지 못한 건 이해할 수 있었을 테지요. 하지만 차기 왕이 될 수 있었던 어린 아들과 자신을 남겨둔 채 갑작스럽게 죽어버린 남편 경종이 야속하지는 않았을까요? 그러나 천추태후가 겪은 시련은 여기서 그치지 않았습니다. 또 한 번 씁쓸한 마음을 삼켜야 할 일이 벌어졌지요. 왕이 된 오빠 성종이 천추태후에게 궁 밖으로 나가라 한 것입니다. 아무래도 성종이 경종의 아들로서 왕위를 이은 것이 아니니 선왕의 아내와 궁궐에서 함께 살기는 어려웠겠지요. 그렇기 때문에 이때 천추태후뿐만 아니라 천추태후의 여동생 헌정왕후도 궁을 나가게 되었습니다.

그렇다면 천추태후의 어린 아들 왕송은 어땠을까요? 왕송도 천추태후와 함께 궁을 떠나야 했을까요? 성종은 천추태후가 낳은 후계자 왕송은 궁에 두고 가라 명합니다. 왕송이 당시로서는 왕위 계승 1순위였으니 궁에서 내보내지 않은 것이었지요.

천추태후는 한순간에 남편을 잃고, 어린 아들조차도 자기 손으로 키울 수 없는 처지가 되어버렸습니다. 왕의 여인으로, 또 왕의 유일한 후계자를 낳은 어머니로 보장받을 수 있었던 장밋빛 미래가 한순간에 허물어지고 만 것이지요.

고려 왕실을 뒤흔든 애정 스캔들

궁 밖에 나와 홀로 살게 된 천추태후의 외로움과 상심은 날이 갈수록 커져만 갔습니다. 이런 천추태후에게 다가선 한 사람이 있었지요. 천추태후는 한순간에 소중한 사람들을 잃고 지친 마음을 달래주는 그 사람과 급속도로 가까워졌습니다. 그의 이름은 김치양이었지요. 천추태후에게 운명 같은 사랑이 찾아온 것입니다.

사실 고려 시대에는 연애와 결혼이 비교적 자유로웠습니다. 여성이 이혼한 뒤 재혼하는 경우도 빈번했지요. 하지만 문제가 하나 있었습니다. 천추태후와 김치양의 출신이 문제였습니다. 천추태후가 사랑에 빠진 김치양의 성이 무엇인가요? 그는 고려 왕족인 왕씨가 아닌 김씨였습니다. 천추태후는 태조 왕건의 손녀인 왕실 여인이었잖아요. 앞서 고려는 왕족끼리 근친혼으로 순수한 혈통을 관리하여 왕족의 권위를 높였다고 했었지요. 천추태후와 같은 왕실의 여인이라면 왕씨가 아닌 남성과의 만남은 엄격히 금지되어 있었습니다. 게다가 왕족이었던 천추태후와는 달리 김치양은 제대로 된 관직도 얻지 못한 평범한 집안의 남자였지요. 천추태후와 김치양은 고려 시대에는 절대 용납될 수 없는 위험한 사랑에 빠지고 만 것입니다.

천추태후는 대체 왜 제대로 된 관직도 없는 김치양과 사랑에 빠졌던 걸까요? 천추태후는 말 그대로 혈혈단신, 외로운 상황이었지요. 모든 것을 잃고 상심했을 천추태후에게 필요한 건 마음을 털어놓고, 자신의 편이 되어줄 누군가였을 것입니다.

그렇다면 접점이 없을 것 같은 천추태후와 김치양은 서로를 어떻게 알게 된 걸까요? 사실 김치양은 천추태후의 외가 친족이었어요. 그래서 어린 시절 천추태후와 김치양 간에 교류가 있지 않았을까 추측해 볼 수 있지요.

만약 천추태후가 왕족이 아닌 김치양와 사랑에 빠졌다는 소문이 오빠인 성종의 귀에 들어가기라도 하면 어떻게 될까요? 전 왕비이자 유력한 후계자의 어머니인 천추태후가 외간 남자와 사랑에 빠졌다는 소문이 돌기라도 하면 둘은 더 이상 사랑을 이어나가기 어려웠겠죠. 그래서 천추태후와 김치양은 주변 사람들의 시선을 피하기 위해 아주 특별한 방법을 썼습니다. 김치양이 가짜 승려 행세를 한 것이지요.

고려 시대에 불교는 국가의 비호를 받을 정도로 매우 중요한 종교였습니다. 불교에 몸담은 승려 역시 많은 사람에게 정신적인 지도자로 추앙받았습니다. 아마 사람들은 남편을 잃고 또 자식과도 강제로 이별한 채 궁 밖에 나와 살던 천추태후가 마음의 안정을 얻기 위해 스님을 만난다고 생각했겠지요. 김치양의 승려 행세는 사람들의 눈을 피하기에도, 왕실에 소문이 퍼지는 것을 막기에도 안성맞춤인 위장술이었습니다.

그러나 낮말은 새가 듣고 밤말은 쥐가 듣는다는 속담은 이럴 때

노영 필 〈태조배첩도〉 중 일부 금강산에 오른 태조 왕건이 담무갈보살에게 엎드려 예배하는 모습을 그린 그림이다. 그림 오른쪽 상단에 담무갈보살이, 왼쪽 하단에 첩첩이 쌓인 바위 틈 사이로 엎드려 절하고 있는 왕건의 모습이 그려져 있다. 고려 내에서 불교의 권위를 가늠할 수 있는 사료다. 국립중앙박물관 제공.

쓰는 말이겠지요. 천추태후와 김치양이 밀회를 이어가던 어느 날, 절대 들키지 말아야 했던 그 비밀이 고려의 왕 성종의 귀에까지 들어가게 됩니다.

"감히 왕실의 여인인 내 동생을 건드려!"

천추태후와 김치양이 은밀한 사랑을 이어가고 있단 사실을 알게 된 성종은 크게 분노했습니다. 혹시라도 둘 사이에 아이라도 생긴다면, 고려 왕실의 여인이 왕씨가 아닌 다른 성의 아이를 낳을 수도 있는 끔찍한 상황이었지요. 고려 왕실에 돌이킬 수 없는 최악의 스캔들이 터질지도 모른다고 생각한 성종은 천추태후의 연인인 김치양을 멀리 유배 보내버렸습니다. 이렇게 해서라도 두 사람이 더 이상 밀회를 이어가지 못하도록 관계를 끊어낸 것이지요.

그런데 문제는 이뿐만이 아니었습니다. 고려 왕실을 발칵 뒤집는 또 다른 스캔들이 터져버리고 말았지요. 놀랍게도 이번 스캔들의 주인공은 천추태후가 아닌 여동생 헌정왕후였습니다. 경종의 부인이자 전 왕비였던 헌정왕후 역시 다른 남자와 사랑에 빠졌던 것이지요. 헌정왕후가 사랑에 빠진 남자 역시 범상치 않았습니다. 그 남자의 이름은 왕욱王郁으로, 왕욱 역시 태조 왕건의 아들 중 하나였지요. 왕욱은 천추태후와 헌정왕후의 아버지 왕욱王旭과 동명이인이자 배다른 형제로, 헌정왕후의 입장에서는 삼촌이었지요.

근친혼이 가능했던 고려 왕실에서 왜 이 사건이 문제가 되었을까요? 그 이유는 왕욱이 이미 결혼한 유부남이기 때문이었지요.

고려 시대에는 왕을 제외하고 일부일처제가 기본적인 혼인의 형태였습니다. 그러니 왕욱이 이혼을 하고 헌정왕후와 재혼한 게 아닌 이상, 두 사람의 관계는 엄연히 불륜이었습니다.

천추태후는 금지된 사랑에 빠지고, 헌정왕후는 불륜을 저지른 이 황당한 상황에 친오빠 성종은 과연 두 여동생을 가만히 두고만 있었을까요? 성종은 김치양에 이어 헌정왕후와 사랑에 빠진 삼촌 왕욱마저 가차 없이 유배를 보내버립니다. 왕욱은 오늘날의 경남 사천으로 유배를 가게 되었지요.

사랑하는 연인을 유배지로 떠나보낸 충격이 컸던 탓일까요? 헌정왕후는 그만 털썩 쓰러지고 말았습니다. 갑작스럽게 헌정왕후의 태동이 시작된 것입니다. 놀랍게도 헌정왕후가 삼촌 왕욱 사이에서 아이를 가진 상태였던 것이지요. 다행히 아이는 무사했지만 헌정왕후는 아이를 낳은 뒤 곧 세상을 떠나고 말았습니다. 그렇게 태어난 아들은 대량원군 왕순으로, 비록 불륜이긴 했지만 어쨌든 왕씨의 핏줄이 태어났지요.

섭정 천추태후,
잃었던 권력을 되찾다

이러한 상황에서 천추태후는 어떻게 지냈을까요? 현재 고려를 다스리는 왕인 성종의 눈치를 보면서 숨죽여 지낼 수밖에 없었겠지요. 연인 김치양은 당연히 볼 수 없고 오빠인 성종의 눈에 거슬리는 행동을 하지 않으며 화가 풀리길 기도했겠지요.

시간이 흘러 천추태후가 34살이 되던 997년, 성종이 38살의 나이로 병을 얻어 그만 세상을 떠나고 말았습니다. 그렇다면 성종의 뒤를 이어 왕위에 오른 사람은 누구였을까요? 다름 아닌 천추태후의 아들인 왕송이었습니다. 드디어 왕송이 고려의 제7대 왕 목종이 된 순간이었지요. 고려 제5대 왕 경종의 아내, 제6대 왕 성종의 여동생인 천추태후가 비로소 제7대 왕 목종의 어머니인 '태후'가 된 것입니다.

성종의 뒤를 이어 조카 왕송이 왕위를 이은 이유는 성종에게 대를 이을 후사가 없었기 때문이었습니다. 더군다나 성종은 선왕 경종이 갑작스레 사망하면서 왕송을 대신해 왕위에 올랐던 것이니

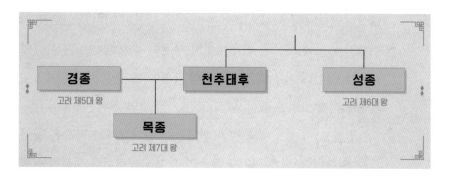

고려 왕과 천추태후의 관계

조카에게 빚을 졌다는 마음도 가지고 있었겠지요. 그런 마음이 성종의 후계자 선택에 영향을 미치지 않았을까 생각합니다.

목종이 즉위한 이날은 본격적으로 천추태후의 시대가 열린 날이기도 합니다. 천추태후는 아들 목종으로부터 아주 특별한 선물도 받습니다. 목종이 개경의 수창궁 한편에 어머니만을 위한 독채를 만들어준 것이지요. 그 전각의 이름은 '일천 천千'에 '가을 추秋' 즉, 천년의 가을만큼 길고 오랜 세월을 의미하는 '천추전'이었습니다. 효심이 깊었던 목종이 어머니인 천추태후가 오랫동안 자신의 곁에 살아 계시길 바라는 마음에서 선물한 게 아닐까 추측하고 있지요. 이때부터 천추태후는 '천추전에 사는 왕의 어머니'라는 뜻을 담아 '천추태후'라고 불리기 시작합니다.

그런데 목종이 왕이 되자 천추태후는 당시로선 상상도 하지 못할 파격적인 선언을 합니다. 아들을 대신해 나라를 다스리는 '섭정'을 하겠다고 나선 것이지요. 하지만 목종은 즉위할 당시 나이가 18살이었습니다. 고려 시대에는 16살이 넘으면 이미 성인으로 간주했기 때문에 목종은 천추태후의 섭정이 필요한 나이가 아니었습니다. 그런데 천추태후는 이제 막 국왕이 된 성인 아들을 제치고 자신이 직접 고려를 통치하겠다고 결정한 것입니다.

놀랍게도 이 결정에 목종과 신하들이 반대했다는 기록은 찾아볼 수 없습니다. 이를 근거로 목종의 정치적 능력이나 성품이 신통치 않았던 게 아닐까 추측하기도 하지요.

남편 경종이 갑작스레 사망하며 모든 권력을 잃었던 천추태후
는 이번에는 왕이 된 아들을 앞세워 절대 권력을 손에 쥐게 되었습
니다. 고려에 전례 없었던 태후의 시대, 바야흐로 천추태후의 시대
가 열린 것이지요.

천추태후와 김치양의
선 넘은 욕망

고려 최초로 왕의 어머니로서 정치 전면에 나선 천추태후! 그런
데 권력을 쥔 천추태후의 눈은 궁궐 밖을 향해 있었습니다. 그의
시선 끝엔 개경 밖 유배지로 쫓겨난 연인 김치양이 있었습니다. 몇
년이 지났지만 천추태후는 여전히 김치양을 그리워했던 것이지
요. 천추태후는 섭정을 시작하자마자 먼저 김치양부터 사면시켰
습니다. 사랑하는 연인의 죄를 없애 개경으로 돌아올 수 있는 발판
을 마련한 것이었습니다.

하지만 유배지에서 돌아왔다고 해서 천추태후가 마음 놓고 김
치양을 만날 수 있었을까요? 그건 아니었습니다. 천추태후가 김치
양을 만나는 것 자체만으로 둘은 또다시 눈총을 받을 게 뻔했습니
다. 그래서 천추태후는 언제라도 김치양을 만날 수 있는 방법을 하
나 생각해 냅니다. 김치양에게 관직을 줘서 궁으로 불러들이려는

계획이었지요. 김치양이 관직을 갖게 되면 궁궐에서 언제든지 그를 만날 수 있으리라 판단한 것이었지요.

천추태후의 비호 아래 김치양이 가장 먼저 일했던 곳은 궁중 의례를 담당하는 합문閤門이란 기관의 통사사인通事舍人 직책이었어요. 궁중 의례를 담당하는 역할이긴 했어도, 말단 관직이었습니다. 하지만 김치양은 이곳에서만 머무르지 않았습니다. 천추태후 덕분에 어느 누구보다도 빠르게 초고속 승진을 한 김치양은 불과 몇 년 만에 고려 조정의 재정과 행정의 실권을 모두 장악하게 됩니다. 여기에는 천추태후의 정치적 판단도 숨어 있었습니다. 천추태후가 김치양을 승진시킨 데에는 자기 세력을 확보하고 가장 믿을 만한 사람에게 강력한 권력을 줌으로써 자신의 권력 기반을 더욱 강화하고자 했던 전략이 깃들어 있었지요.

고려의 실권자가 된 김치양은 자신의 권세를 아낌없이 자랑합니다. 우선 궁궐 근처에 300여 칸에 이르는 대규모 저택을 짓고 정자, 정원, 연못 등을 화려하게 조성했지요. 김치양은 이 저택으로 자신의 재력과 위엄을 보란 듯이 과시합니다. 이후 김치양은 천추전과 자신의 저택을 오가며 누구의 눈치도 보지 않고 사랑을 키워나가는 바쁜 날들을 보냈지요.

그런데 호의호식하며 세력을 키워나가던 천추태후에게도 말 못할 고민이 하나 있었습니다. 아들 목종에게 도통 후계자가 생기지 않는다는 것이었지요. 이대로 목종에게 영영 후사가 생기지 않는

다면 어떻게 되는 걸까요? 목종 다음으로 왕위를 이을 왕족은 누가 있었을까요? 유력한 후계자는 천추태후의 여동생 헌정왕후가 낳은 대량원군이었습니다. 대량원군은 불륜으로 태어나긴 했지만 아버지와 어머니 모두 태조 왕건의 정통 후손이었기 때문에 얼마든지 왕위에 오를 자격이 있었지요. 목종에게 후계자가 없다는 건 천추태후와 김치양의 입장에서는 지금 고려 조정을 쥐락펴락하는 막강한 권력을 언제든 잃을 수도 있다는 불안 요소였습니다. 목종의 후사가 생기지 않는 시점에서 대량원군의 존재 자체는 천추태후에게 큰 부담이었지요.

천추태후가 목종의 후계자 문제를 두고 유달리 걱정했던 데에는 그럴만한 이유가 있었습니다.

> "유행간은 용모가 아름다워서 왕이 남달리 아끼고 사랑하여 남색^{男色}으로 총애하였으며 (…)"
>
> 《고려사절요》 2권, 목종 12년(1009) 1월 16일

그러니까 목종이 남자를 좋아했던 것입니다. 목종의 총애를 받았던 이는 유행간이라는 사내였어요. 목종을 앞세워 권력의 최고점에 올랐던 천추태후의 입장에서는 속이 타들어갈 만한 상황이었지요.

사실 목종이 사내만 좋아했던 것은 아니었습니다. 요석댁궁인

김씨라는 후궁도 있었지만 안타깝게도 둘 사이에 후사가 생기지 않았던 것이지요. 목종이 후사를 보지 못했던 데에는 어머니인 천추태후가 자신을 대신해 고려 정치를 좌지우지하고, 왕인 자신의 입지는 점점 줄어들고 있었던 상황에서 심리적으로 위축되었던 영향도 있지 않았을까 추측합니다. 그러나 목종에게 계속 후사가 생기지 않으니 천추태후는 영문도 모른 채 마음을 졸이는 날이 계속되었겠지요.

그러던 어느 날 고려 왕실을 들썩이게 할 소식이 들려옵니다. 왕실에 새로운 아이, 그것도 왕의 후계자가 될 수도 있는 아들이 태어났다는 반가운 소식이었지요. 모두가 그토록 바랐던 목종의 첫 아들이었을까요? 놀랍게도 아니었습니다. 40살의 천추태후가 낳은 둘째 아들이었지요. 아이의 아버지는 천추태후의 연인이었던 김치양이었습니다.

목종에게는 다소 황당한 상황이었겠지요. 왕실에서는 자신의 후사를 간절히 바랐는데 갑자기 이부형제, 즉 아버지가 다른 형제가 생긴 것이었으니 말입니다. 그런데 천추태후는 둘째 아들을 낳고 당시로선 상상하기 어려운 엄청난 결심을 합니다.

'목종에게 후사가 없으니, 이 아이를 목종의 후계자로 만들어야겠다!'

김치양과 낳은 이 둘째 아들을 차기 왕으로 삼을 계획을 꿈꾼 것입니다. 지금까지 고려의 왕은 모두 아버지가 태조 왕건의 후손이였습니다. 김치양은 태조 왕건의 후손이 아니었지요. 하지만 생각해 보면 천추태후의 계획이 절대 불가능하기만 한 일은 아니었습니다. 왜냐하면 천추태후가 태조 왕건의 후손이었기 때문이었지요. 그런 면에서 김치양의 아들이 왕위를 계승하는 것이 마냥 안될 일만은 아니었던 것입니다. 그러나 자칫하면 고려의 왕위가 다른 성씨로 넘어갈 수도 있는 상황에 목종과 고려 조정의 신하들은 바짝 경계할 수밖에 없었겠지요.

특명!
조카 왕순을 제거하라

잠깐, 천추태후와 김치양이 그들이 낳은 아이를 후계자로 삼기 전에 아직 해결하지 못한 인물이 하나 있다고 했었지요. 부모 모두가 태조 왕건의 후손인 조카 대량원군의 존재였습니다. 목종이 대량원군이 아닌 자신이 낳은 둘째 아들을 후계자로 책봉하도록 만들기 위해 천추태후는 엄청난 결심을 합니다. 12살된 대량원군을 궁 밖으로 쫓아버리기로 한 것이지요. 결코 조카에게 왕위를 빼앗길 수 없다고 생각한 것입니다.

하지만 명분 없이 왕족인 대량원군을 궁 밖으로 쫓아낼 수도 없는 노릇이었습니다. 그래서 천추태후는 대량원군의 머리를 깎아 승려로 만들어 절로 내쫓아 버리기로 합니다. 대량원군을 절로 보내 후계자가 될 수 있는 가능성을 원천 봉쇄한 것이지요.

드디어 대량원군을 내쫓아버린 천추태후는 어느 날 한 나인을 통해 대량원군이 있는 절로 술과 떡을 잔뜩 차려서 보내줍니다. 막상 하나밖에 없는 조카를 승려로 만들어 궁 밖으로 내보낸 게 마음에 걸렸던 걸까요? 명을 받은 나인은 술과 떡을 들고 대량원군이 있는 절로 발걸음을 옮겼지요. 절에 도착한 나인이 대량원군을 찾았지만 때마침 그는 절에 없었습니다. 대신 대량원군이 머무르는 절의 승려가 나인에게 말했지요.

"대량원군이 산에 놀러 갔는데 어디 갔는지 모르겠소. 돌아오면 떡과 술을 전하리다!"

나인은 어쩔 수 없이 승려에게 떡과 술을 전달하고는 발걸음을 돌렸습니다. 그런데 나인이 떠나자마자 승려는 갑자기 천추태후가 보내온 술과 떡을 모조리 뜰에 버려버렸습니다. 얼마 지나지 않아 버려진 음식의 주위로 까마귀와 참새가 모여들었지요. 그런데 그 음식을 먹은 새들이 모두 죽어나가는 것이 아니겠어요? 천추태후가 대량원군을 절로 쫓아낸 것도 모자라 음식에 독을 타서 죽이려 했던 것입니다.

"삼각산 신혈사로 옮겨 머물렀는데, 천추태후가 자주 사람을 보내 해치려 하였다. 신혈사의 어떤 노승이 방에 땅굴을 파서 그를 숨기고, 그 위에 와탑臥塔을 설치하여 예기치 못한 일을 대비하였다."

《고려사》 4권, 현종 총서

    천추태후는 왜 대량원군을 절로 쫓아버리는 데에 그치지 않고 독살까지 감행하려 했던 걸까요? 설사 대량원군은 왕이 될 생각이 없다고 해도 대량원군을 추종하는 세력이 그를 목종의 후계자로 만들 수도 있겠지요. 천추태후는 대량원군이 살아 있는 한 발생할 수 있는 단 1퍼센트의 가능성도 남겨두고 싶지 않았던 것입니다.

신혈사 대량원군 왕순이 궁에서 쫓겨나 머물렀던 사찰. 〈대동여지도〉를 보면 북한산의 옛 이름인 삼각산을 기준으로 왼쪽에 '신혈사 고지新穴社 古地'를 찾아볼 수 있다. 대량원군은 이곳의 주지 진관대사의 비호 아래 천추태후가 보낸 자객으로부터 목숨을 구할 수 있었다. 현종이 된 이후 그는 신혈사에 새롭게 절을 창건하고 진관대사의 이름을 따 진관사라고 명명했다. 국립중앙박물관 제공.

이후에도 천추태후는 절에 들어간 대량원군을 죽이기 위해 몇 차례 자객까지 보냈습니다. 결과는 어땠을까요? 번번이 실패하고 말았지요. 천추태후는 자신의 권력을 유지하기 위해 피도 눈물도 없이 조카를 죽이려고 했던 것입니다.

천추전에 일어난 화재! 흔들리는 입지

천추태후가 대량원군을 없애는 데 실패하고 골머리를 앓고 있던 어느 날, 고려 왕실에 한바탕 커다란 소동이 일어났습니다. 궁궐에 큰 화재가 난 것이지요. 거센 불길은 금방 번져, 심지어 천추태후의 거처인 천추전까지 불태우고 말았습니다.

천추전의 화재가 단순한 사고인지, 또는 정치적 노림수를 가진 세력이 계획적으로 방화를 저지른 것인지는 정확하게 알 수 없습니다. 다만 확실한 사실은 천추전은 단순히 천추태후의 거처만이 아닌, 당시 고려 정치의 중심지 역할을 했던 곳이라는 점이었지요. 천추태후의 상징과도 같은 천추전이 불타는 모습을 보고 천추태후는 큰 충격을 받았다고 하지요.

천추전에 불이 난 것도 충격인데, 천추태후의 속이 시꺼멓게 타들어가는 일이 연달아 일어납니다. 천추태후의 아들 목종이 그만 쓰러지고 만 것이지요. 천추전 화재 사건을 기록한 《고려사》에 따르면 천추전이 모조리 불탄 것을 보고 목종은 비탄에 잠겨 병이 점점 악화되었고, 결국 나랏일을 돌보지 못하는 지경이 되어버렸다고 합니다.

정치적으로도 큰 사고로 여겨지는 이 화재 사건을 둘러싼 여러 추측이 있습니다. 첫 번째는 목종의 정치와 후사 문제에 불만을 가진 세력이 일부러 천추전에 불을 질렀고, 목종이 그 사실을 알고 충격에 빠져 병에 걸렸다는 추측입니다. 두 번째는 천추전에 불을 낸 배후 세력이 목종의 처소를 장악하고 그를 억류했을 거라는 추측도 있지요. 만약 두 번째 추측이 사실이라면 목종은 병에 걸린 것이 아니라 사실상 감금 상태여서 정사를 돌볼 상황이 아니었던 것이지요.

진실은 정확히 알 수 없지만 천추전의 화재로 인해 발생한 결과는 하나입니다. 목종이 정사를 돌볼 수 없는 상황이 되면서 고려 왕실에 후사 문제가 본격적으로 떠오른 것이지요. 상황이 이렇게 되자 천추태후와 김치양은 마음이 조급해졌습니다. 그들은 목종이 쓰러진 틈을 타 조정의 신하들이 대량원군을 차기 왕위 후계자로 올리는 건 아닐까 경계했지요. 이런 상황에서 천추태후와 김치양은 어떤 생각을 했을까요? '하루라도 빨리 우리가 낳은 아들을 목종의 후계자로 만들어야겠다!' 하고 다짐했겠지요.

그러나 생각지도 못했던 한 인물이 천추태후와 김치양의 위험한 욕망에 제동을 걸고 나섰습니다. 그는 고려 조정에서 믿을 만한 신하인 채충순을 비밀리에 불러, 절에 있는 대량원군에게 입궐하라는 편지를 보냈지요.

> "경은 태조의 적손이므로 속히 출발하도록 하라. 과인이 죽음에 이르기 전에 얼굴을 마주해 종묘사직을 부탁하면 죽어도 여한이 없을 것이다."
>
> 《고려사》 93권, 열전 제신 채충순

다름 아닌 병석에 누워 있던 목종이 대량원군을 후계자로 지목하겠다는 폭탄선언을 한 것이었습니다. 목종은 대량원군이 유일한 태조 왕건의 후손이라는 말도 덧붙였지요.

목종은 왜 천추태후와 김치양의 아들을 후계자로 삼지 않고 어머니의 뜻에 반하는 선언을 했던 걸까요? 한 신하가 목종에게 건넨 은밀한 편지가 결정적 계기가 되었습니다. 목종의 마음을 굳힌 비밀 편지의 내용은 무엇이었을까요?

> "김치양이 바라서는 안 될 것을 넘보아서 사람을 시켜 뇌물을 보내 널리 심복들을 포열시킴으로써 내부의 원조를 구하였습니다."
>
> 《고려사절요》 2권, 목종 12년(1009) 1월 16일

편지의 내용은 목종이 병중인 틈을 타 김치양이 반란을 위해 세력을 모은다는 것이었습니다. 이 소식을 접한 목종은 심장이 철렁 내려앉았겠지요. 만약 김치양이 역모에 성공해 자신을 죽이거나 왕위에서 쫓아낸다면 어떻게 될까요? 천추태후와 김치양이 낳은 아들이 왕위에 오르게 되겠지요. 순수한 태조 왕건 혈통이 아닌 자가 왕위를 차지하게 되는 것입니다. 이는 목종에게는 상상하고 싶지 않은 끔찍한 일이었지요. 최악의 상황을 모면해야 했던 목종이 급히 대량원군을 자신의 후계자로 선택했던 것입니다.

무신 강조가 일으킨 미스터리한 정변

자신의 왕위를 이을 후계자를 정하긴 했지만 목종의 불안감은 극에 달했습니다. 궁궐에 있는 김치양이 언제든 반란을 모의해 자신을 죽일 수도 있는 상황이었기 때문이지요. 그래서 목종은 자신을 지켜줄 측근을 비밀리에 불러들이기로 합니다. 혹시라도 벌어질 위급 상황을 해결하기 위한 목종의 히든 카드였지요.

비밀리에 부른 인물은 목종이 믿고 있던 한 사람, 강조라는 자였습니다. 강조는 고려의 군사적 요충지였던 서북면 지역에서 병력을 장악하고 있던 무관이자 목종의 충직한 신하였지요. 목종의 명을 받은 강조는 곧장 개경으로 향했습니다. 이대로 강조가 개경의 왕궁에 입성하기만 하면 김치양이 아무리 쿠데타를 일으킨다고 해도 목종을 지켜줄 든든한 호위가 생기는 셈이었지요.

하지만 발걸음을 재촉하며 개경으로 향하던 강조는 이내 모두가 경악할 만한 일을 벌였습니다. 순식간에 개경을 장악하고 자신을 개경으로 부른 제7대 왕 목종을 별안간에 폐위해버린 것이지요. 그러고 나서 그가 새로운 고려의 왕으로 옹립한 인물은 다름 아닌 천추태후의 조카 대량원군이었습니다.

목종의 명을 받고 목종을 지키기 위해 개경으로 떠난 강조는 왜 갑자기 배신을 했을까요? 이 사건을 가리켜 '강조의 정변'이라 부릅니다. 강조가 군사들과 정변을 일으켜 목종을 폐위하고 대량원군을 고려 제8대 왕 현종으로 세운 사건이지요. 갑작스러운 배신에 의아한 점이 많지만 이러한 상황이 발생한 이유는 강조가 개경으로 향하던 도중 들은 여러 소식들 때문이었을 것입니다. 고려 조정이 혼란스러운 상황에서 개경 안팎으로 "목종이 이미 죽었답니다!"라든가, "김치양이 개경을 장악했다"와 같은 실체 없는 소문이 돌았던 것이지요. 조금씩 다른 소문들에 갈팡질팡하던 강조는 결국 왕명도 없이 군대를 일으켜버린 것이 아닐까 추측합니다. 더군다나 5천 명이라는 대군을 이끌고 개경에 입성했으니 혹여라도 처벌 받을까 봐 두려워 이참에 대량원군을 왕위에 올려야겠다고 생각했던 것이 아닐까요? 다양한 추측이 가능하지만 강조가 일으킨 정변에 여전히 우연과 의문이 가득한 건 마찬가지입니다.

그렇게 강조가 고려의 대군을 이끌고 대량원군을 새로운 왕으로 세우기까지 걸린 시간은 고작 보름 정도였습니다. 천추태후는 풍전등화와 같은 자신의 미래를 직감하지 못했을까요? 순식간에 일어난 일이라 천추태후와 김치양은 속수무책으로 당할 수밖에 없었습니다. 강조는 새 왕을 옹립한 뒤 곧바로 김치양을 찾아갔습니다. 그리고 자신이 정변을 일으킨 목적인 김치양을 가차 없이 죽여버리지요. 이때 강조의 손에 목숨을 잃은 건 김치양뿐만이 아니었습니다. 강조의 칼날은 곧바로 천추태후와 김치양 사이에서 태어난 아들에게로 향했지요. 결국 천추태후의 둘째 아들 역시 무참히 살해되고 말았습니다.

사랑 때문에 몰락한 천추태후의 비참한 최후

갑작스러운 강조의 정변으로 현종이 고려의 왕으로 즉위한 상황! 천추태후는 과연 어떤 처우를 받았을까요? 천추태후는 사랑하는 연인 김치양과 그 사이에서 낳은 아들을 떠나보내고 폐위당한 아들 목종과 함께 유배지로 떠나야만 했습니다. 한순간에 사랑하는 사람들과 권력을 모두 잃어버린 것이지요.

개경에서 출발한 천추태후와 목종의 행렬이 적성현, 지금의 파주에 이르렀을 때였습니다. 갑자기 누군가 그들의 행렬을 막아섰지요. 강조가 보낸 군사들이었습니다. 군사들은 곧바로 천추태후와 목종을 둘러싸고 목종에게 무언가를 쓱 내밀었지요. 독약이었습니다. 스스로 목숨을 끊으라는 의미였지요. 목종이 독약 마시기를 거부하자 강조가 보낸 군사들은 이내 목종을 살해하고 그의 죽음을 자살로 위장했습니다. 46살의 천추태후는 연인 김치양과 늦둥이 아들 그리고 장성한 아들 목종까지 모두 잃은 처지가 되고 말았지요.

태조 왕건의 손녀로 태어나 제5대 왕 경종의 아내, 제6대 왕 성종의 동생이자 제7대 왕 목종의 어머니 그리고 제8대 왕 현종의 이모였던 천추태후는 화려했던 과거를 뒤안길로 보내고 20여 년 뒤 66세의 나이로 쓸쓸하게 생을 마감합니다.

고려 왕실의 여자였지만 왕실 밖의 남자와 사랑에 빠지고 그 사이에 난 아들을 무리하게 왕의 후계자로 만들려고 했던 천추태후에게는 '간통한 여인', '요사스러운 아녀자', '요부'라는 꼬리표가 따라붙었지요. 고려가 멸망한 뒤 조선 시대에 지어진 역사서에는 천추태후를 향한 비난이 두고두고 이어졌습니다.

유교 사상을 토대로 지어진 조선에서 천추태후는 여인이 정절을 지키지 않았다는 이유로 비난의 화살을 쏟기 좋은 대상이었을지 모릅니다. 실제로 천추태후가 섭정을 했던 시기에 고려는 거란과 송나라 사이에서 실리를 취하는 균형 있는 외교를 펼치며 외세의 위협으로부터 나라를 지킬 수 있었지요. 하지만 전략가로서의 천추태후의 면모는 김치양과의 사랑 이야기에 비해 줄곧 조명되지 않았습니다.

천추태후의 영광과 몰락의 일대기를 어떻게 바라보셨나요? 만약 천추태후가 꿈꿨던 야망대로 권세를 놓치지 않는 데 성공했다면 그녀의 사랑은 통념을 깨트린 위험한 사랑이 아니라 금기를 뛰어넘어 쟁취한 사랑으로 기록되었을지도 모를 일입니다. 역사는 언제나 뒤에 기록되는 것으로, 하나의 사건을 두고 다양한 시선이 개입될 수 있음을 잊지 말아야겠지요.

대동청사 1910년 역사학자 황의돈이 중학교 역사 교육을 위해 편찬한 역사 교과서로, 천추태후를 두고 "요사스러운 아녀자가 정권을 농락"했다고 평했다. 동국대학교 중앙도서관 제공.

3장

벌거벗은
고려거란전쟁

박재우(성균관대학교 사학과 교수)

고려의 명장 강감찬은
어떻게 귀주대첩의 영웅이 되었나

　서울 지하철 2호선을 타고 '서울대입구역'을 지나면 다음 정거장
에서 '낙성대역'을 만날 수 있습니다. 낙성대역 역시 근처에 대학교
가 있어 이름을 그리 지은 것 아니냐는 우스갯소리가 있지요. 그러
나 낙성대라는 명칭의 유래를 찾아보면 무려 천 년의 역사를 지닙
니다. 그것도 영웅의 탄생 설화에서 볼 법한 아주 신비스러운 이야
기가 깃들어 있지요.

　어느 날, 깜깜한 밤하늘에 커다란 별이 꼬리를 그리며 한 집에
쿵 하고 떨어집니다. 이 기이한 일을 목격한 사람이 별이 떨어진
집으로 사람을 보내보니, 그 집에서 이날 사내아이가 태어났다는
사실을 알게 됐지요. 그래서 이곳을 '별이 떨어진 곳'이라는 뜻을

서울 낙성대 강감찬의 위패를 모시는 사당인 안국사와 안국사 경내에 위치한 석탑. '강감찬 낙성대姜邯贊落星坮'라 새겨진 삼층석탑은 본래 현 위치가 아닌 강감찬이 태어난 집터에 있었으나 낙성대공원이 조성될 때 지금의 자리로 옮겨졌다. 석탑은 13세기경 조성되었을 것으로 추정한다. 문화재청 제공.

담아 '떨어질 낙落', '별 성星', '터 대坮'를 써서 '낙성대'라고 부르게 되었습니다. 그렇다면 별이 떨어진 집에서 태어난 사내아이는 누구였을까요? 고려의 명장이자 명재상이었던 강감찬입니다.

11세기 초에 활약한 강감찬은 거란에 맞서 대승을 거둔 귀주대첩의 영웅으로 유명합니다. 당시 동아시아 군사 최강국이었던 거란은 약 26년에 걸쳐 고려를 3번이나 침공했지요. 하지만 강감찬이 귀주대첩에서 거란군을 궤멸해 버렸기 때문에 그 이후 거란은 고려 침공의 꿈을 완전히 포기해야만 했습니다. 귀주대첩의 의의는 여기서 끝이 아닙니다. 귀주대첩은 패권국이었던 거란과 맞붙어 얻은 대승리라는 점에서 동아시아의 힘의 균형을 재정립하는 전환점이 되었지요.

강대국의 침공 위기에서 고려를 구한 명장 강감찬. 그런데 강감찬이 본래 문과에서 장원 급제를 한 문신이었다는 사실을 알고 있었나요? 귀주대첩에 참전했을 당시의 나이가 무려 72세였다는 사실은요? 대체 어쩌다 고려 문신이었던 강감찬은 70대에 고려군을 통솔하는 군사 지휘관이 되었을까요? 지금부터 거란의 침입으로부터 고려를 구한 영웅들과 강감찬의 고려거란전쟁을 낱낱이 벗겨보겠습니다.

늦은 나이의 과거 급제
새 이름으로 이날을 기념하다

고려를 구한 영웅 강감찬은 고려의 제3대 왕 정종이 다스리던 948년에 태어났습니다. 그의 집안은 평범한 집안은 아니었습니다. 강감찬의 아버지인 강궁진은 고려의 공신으로, 태조 왕건을 도와 고려 건국과 후삼국 통일에 힘을 보탠 사람들에게 주어지는 '삼한 벽상공신三韓壁上功臣'이라는 칭호까지 받은 인물이지요. 즉, 강감찬은 고려 공신 집안의 아들로 태어난 것입니다.

사실 강감찬의 어린 시절에 대한 기록은 전무합니다. 하지만 어떤 인물이었는지를 확인할 수 있는 단서는 찾아볼 수 있지요. 이

기록을 통해 어린 시절의 강감찬을 추측할 뿐입니다.

"체구가 작은데다가 얼굴이 못생겼으며 (…)"

《고려사》94권, 열전 제신 강감찬

고려의 역사를 기록한 《고려사》와 《고려사절요》에서 나라의 영웅을 기록할 때는 대개 외모에 대한 서술은 하지 않습니다. 그런데 나라를 구한 영웅이라고 칭송받는 강감찬에 대해서는 외모가 못생겼다는 적나라한 평가가 남겨져 있지요.

이색적인 기록이긴 하지만 이것이 전부는 아닙니다. 강감찬에 대한 기록을 더 찾아보면 그의 청렴했던 성품과 지략을 칭찬하는

낙성대공원 내 강감찬 기마상 서울시 제공

내용이 더 많거든요. 강감찬은 외모보다 더 중요한 걸출한 능력을 타고났던 것입니다. 재능이 어찌나 뛰어났던지 사람이 아닌 여우의 자식이라는 설화까지 구전될 정도였지요.

그런데 이런 강감찬은 한동안 역사서에 나타나지 않습니다. 그리고 태어난 지 35년이 지나서야 한 과거 시험장에서 그의 이름 석 자가 불쑥 등장하지요. 이때 고려에서는 '복시覆試'라는 파격적인 과거 시험이 처음으로 열렸습니다. 본래 고려에서는 시험관이 주관하는 시험을 통과하면 합격을 주었던 과거 제도를 시행하고 있었지요. 그런데 복시라는 특별 제도 때문에 시험관이 주관하는 시험 이후 왕이었던 성종이 주관하는 시험을 또 한 번 치러야 했습니다. 즉 고려 왕이 직접 시험관이 되어 문제를 내고 채점해 최종 순위를 매기는 특별한 과거 시험이 열렸던 것이지요. 그중 문장 실력을 가리는 제술과에서 최고점을 받고 1등을 차지한 사람이 있었으니, 바로 이 인물입니다.

> "강은천 등 3명과 명경 1명에게 급제를 하사하였다. 강은천은 곧 강감찬이다."
>
> 《고려사절요》 2권, 성종 2년(983) 12월

장원 급제자가 강감찬이었던 것입니다. 그런데 낯선 이름이 하나 보이지요? 과거 시험을 볼 때 강감찬의 이름은 강은천이었습니다. 고려인들은 인생에서 잊을 수 없는 경험을 했을 때, 이를 기념해 개명을 하던 관습이 있었습니다. 보통 이름을 고친 사람들은 1~2번 정도 개명을 했는데, 더러는 5번이나 개명한 사람도 있었지요. 우리가 잘 아는 고려 말 문신 정몽주도 정몽란에서 정몽룡, 그다음에 정몽주로 2번 개명을 한 이름이지요.

장원 급제했을 때 강감찬의 나이는 36살이었습니다. 고려 시대 과거 합격자의 나이는 대개 24살에서 25살 정도였지요. 합격자 평균 나이를 10살이나 웃돌아서 다른 시험도 아니고 왕이 주관한 시험에서 장원 급제했으니 강감찬은 얼마나 기뻤을까요. 강감찬에게는 이날이야말로 개명을 결심할 만큼 잊지 못할 순간이 아니었을까요? 개명한 시기는 정확히 알 수 없지만 그의 이름에서 '감邯'은 땅이나 강의 이름을, '찬贊'은 돕는다는 의미를 가진 것을 보면 '땅과 물의 신령이 도와서 과거에 합격했다'라는 뜻을 담아 개명한 것이 아닌가 추측할 수 있지요.

여기서 주목해야 할 사실이 하나 더 있습니다. 강감찬이 합격한 제술과가 문과 시험 중에서도 문장을 잘 짓는 사람을 뽑는 시험이라는 점입니다. 많은 이가 강감찬을 무신으로 알고 있지만, 사실 강감찬은 과거 급제부터 이후 귀주대첩을 이끌 때까지도 무신이 아닌 문신이었다는 놀라운 반전이 숨어 있답니다.

이렇게 36살의 강감찬이 늦은 나이에 과거에서 급제한 기록 이후, 고려 조정에서 그가 어떤 일을 했고, 어떤 공을 세웠는지는 기록이 남아 있지 않습니다. 《고려사》는 5품 이하의 하급 관리가 특별한 정치 활동을 하지 않은 경우에는 기록을 남기지 않았는데 강감찬도 그런 경우라고 유추해 볼 수 있지요.

"강감찬은 성품이 청렴하고 (…) 정책을 결정지을 때는 위엄 있는 모습으로 나라의 기둥이자 주춧돌이 되었다."

《고려사》 94권, 열전 제신 강감찬

이렇듯 강감찬이 청렴하고 엄중한 모습으로 조정에서 일했다고 기록한 걸 보면, 묵묵히 책임감 있게 일하는 관리였으리라 짐작할 뿐이지요.

동아시아 패권국 거란의 위협

강감찬이 고려 관료가 되고 시간이 흘러 997년, 강감찬을 등용한 제6대 왕 성종이 죽고 제7대 왕 목종이 즉위합니다. 그리고 1009년, 제8대 왕 현종이 즉위합니다. 고려의 왕이 3번 바뀌는 동안 36살이었던 강감찬은 어느덧 환갑을 넘어 나이가 지긋한 신하가 되었지요. 현종이 즉위한 다음 해인 1010년, 63세의 강감찬은 오늘날의 교육부 및 외교부에 관한 사무를 맡던 관서 '예부禮部'에서 지금의 차관 격인 '시랑侍郎'직에 올라갑니다.

그런데 이때 강감찬의 평온했던 관직 생활은 물론 고려 전체를 발칵 뒤집는 사건이 벌어집니다. 거란족이 세운 나라인 거란이 고려를 침략하며 전쟁을 일으킨 것이지요. 고려는 외침을 상당히 많이 겪은 나라입니다. 고려 왕조가 지속되는 동안 전쟁이 끊임없이 벌어졌다 해도 과언이 아니죠. 10~11세기에는 거란이, 13세기에는 몽골이 고려에 쳐들어왔습니다. 이 시기에는 외침의 시작이라 할 수 있는 거란족의 침략이 발생한 것입니다.

거란은 뛰어난 기동성을 자랑하는 기마부대를 앞세워 926년에 고구려를 계승한 나라 발해를 멸망시켰습니다. 무서운 기세로 요동 반도를 차지한 거란은 중국을 통일한 송나라를 위협할 만큼의 강대국으로 성장했지요.

주변국이 거란을 두려워한 데는 뛰어난 기마부대나 동아시아 군사 최강국이라는 타이틀 외에 또 다른 이유가 있었습니다. 거란군이 침략했다 하면 그 땅은 풀 한 포기, 쌀 한 톨도 남지 않는 폐허로 변했기 때문입니다. 빠른 기동력이 생명이었던 거란군은 전쟁에 필요한 물품을 침략한 땅에서 약탈로 충당했습니다. 약탈을 전문으로 하는 부대까지 있을 정도였지요. 약탈부대의 이름은 '타초곡가정打草穀家丁'! 타초곡가정은 음식, 옷, 무기뿐만 아니라 무고한 백성들까지 전리품으로 끌고 가는 무시무시한 존재였습니다.

거란의 1차 침공!
서희의 외교 담판

사실 고려가 거란군의 침공을 받은 건 이번이 처음이 아니었습니다. 거란의 1차 침공은 17년 전인 993년 음력 10월에 벌어졌지요. 그 어떤 경고도 없이 거란군이 기습적으로 압록강을 넘어오면서 고려는 거란과 첫 국제전을 치르게 되었습니다.

그런데 거란은 왜 고려를 침략했던 걸까요? 그 이유는 송나라 때문이었습니다. 고려는 거란을 적대했지만, 송나라와는 아주 우호적인 국교를 이어가고 있었거든요. 거란과 송나라는 서로 중국 땅을 차지하기 위해 전쟁을 벌이던 사이였으니 거란의 입장에서 고려는 언제든 송나라를 도와 거란의 뒤를 공격할 수 있는 위험한 나라였던 것입니다.

첫 번째 침공에서 거란은 황제의 사위, 즉 부마이자 거란을 대표하는 장수 소손녕을 앞세워 고려를 공격했습니다. 그리고 993년 음력 10월 지금의 평안북도 구성시 근처인 봉산군에서 펼쳐진 첫 전투에서 고려군은 거란군에게 처참히 패배하고 말았지요. 첫 패배 이후, 고려 조정에 거란의 장수 소손녕의 편지가 도착했습니다.

"80만 명의 군사가 당도했으니 만약 강으로 나와 항복하지 않는다면 모조리 섬멸할 것이므로, 임금과 신하는 속히 아군 앞에 와서 항복해야 할 것이다."

《고려사》 94권, 열전 제신 서희

소손녕은 무려 거란군 80만을 이끌고 왔으니 시간을 끌지 말고 빨리 항복하라는 으름장을 잔뜩 늘어놓았지요. 정말로 소손녕이 고려를 침략하기 위해 80만 대군을 이끌고 왔을까요? 이 말은 사실이 아니었습니다. 거란의 군제는 지휘관에 따라 병력의 수를 달리 하고 있었거든요. 거란의 황제가 동원할 수 있는 군사의 수는 제한이 없고, 총사령관인 도통은 15만 명 이상, 지방관은 6만 명이었습니다.

당시 소손녕은 동경 지역의 관리인 동경유수로서 지방관이었으니 동원할 수 있는 군사는 6만 명 정도였을 것으로 추정합니다. 그러니 이 편지는 소손녕의 허풍이라고 추측할 수 있습니다. 그렇다 한들 소손녕이 이끌고 온 6만의 군사도 결코 적은 숫자는 아니죠. 소손녕은 이에 그치지 않고 고려의 속을 박박 긁는 말까지 덧붙입니다.

"우리가 이미 고구려의 옛 땅을 차지했으니, 고려가 차지하고 있는 고구려의 옛 땅을 내놓아라!"

이처럼 소손녕이 말도 안 되는 이유를 내세우면서 고려의 북쪽 땅까지 넘보고 있는 게 아니겠어요? 거란군의 침입에 이어 소손녕의 협박까지 이어지자 놀란 고려 조정에서는 이런 말이 터져 나왔습니다.

"서경 이북 땅을 거란에게 주고 화해합시다!"

고려가 더 큰 화를 당하기 전에, 거란에게 땅을 떼어주고 전쟁을 끝내자는 주장이었지요. 그때 단 한 사람만이 나서서 벽력 같이 소리쳤습니다.

"땅을 떼어 적에게 주는 것은 만세의 치욕이오니 신들에게 한번 그들과 싸워보게 한 뒤에 다시 의논하는 것도 늦지 않습니다!"

홀로 반대를 외친 신하는 국가의 중요한 정책을 논의하는 내사문하성의 정2품 관리, 내사시랑평장사內史侍郎平章事 서희였지요. 사신으로 송나라에 다녀온 경험이 있었던 서희는 고려의 외교통으로 국제 정세를 꿰뚫어 보고 있었습니다. 서희는 거란의 진짜 목적은 고려 정벌이 아니라, 고려와 송나라의 연을 끊게 만드는 것이라 판단했지요.

서희는 만약 고려가 북쪽 땅을 거란에게 넘겨준다면 당장의 위기는 모면하겠지만 거란은 계속해서 고려가 가진 모든 고구려의 옛 영토를 요구할 거라고 생각했습니다. 그러니 한 번 더 싸운 뒤 상황을 봐도 늦지 않다며 왕에게 거란에 맞서 싸우기를 권했던 것이지요. 당시 고려의 왕이었던 성종은 서희의 제안을 받아들였습니다. 그리고 지금의 평안남도 안융진에서 벌어진 두 번째 전투에서는 다행히 고려가 승리를 거두었지요. 기세를 몰아 서희는 홀로 거란군의 진영으로 향했습니다. 그리고 적진의 중심부에서 거란

10세기 동북아 정세

군의 사령관 소손녕과 대면했죠. 아니나 다를까! 소손녕은 서희에게 어깃장을 놓았습니다.

"바다 건너 송나라는 섬기면서 왜 우리와는 국교하지 않느냐?"

거란의 진짜 목적이 고려의 땅이 아닌, 송나라와의 단절이라는 서희의 추측이 완벽하게 맞아떨어진 것이지요. 거란의 목적을 확인한 서희는 차분하게 말했습니다.

"여진족이 압록강 주변을 차지해서 거란과의 소통을 막고 있소. 여진족이 없다면 거란과 국교를 맺을 수 있을 것이오."

서희는 소손녕에게 압록강 안팎으로 땅을 차지하고 있는 여진족 때문에 거란과 국교를 하고 싶어도 할 수가 없다고 주장했습니다. 당시 거란과 고려가 국경을 맞댄 넓은 땅에는 여진족이 흩어져서 살고 있었습니다. 그러니 국교를 맺으려면, 고려가 압록강 주변의 여진족을 쫓아낸 다음 그곳에 성과 도로를 만들 수 있게 고려와 거란 간의 협정이 필요하다고 한 것이지요.

이 말을 들은 소손녕은 머리를 굴리기 시작합니다. 압록강 위쪽의 여진족은 거란이, 압록강 아래쪽의 여진족은 고려가 쫓아내면 고려와 조공 관계도 맺을 수 있고 골칫거리인 여진족도 정리할 수 있을 듯했습니다. 생각해 보니 거란에게는 남는 장사였지요.

결국, 거란은 서희의 제안을 받아들이고 압록강 위쪽은 거란이, 압록강 아래쪽은 고려가 개척하도록 합니다. 이 지역이 바로 '강동 6주'입니다. 압록강 동쪽의 6개의 주, 즉 홍화진(영주), 귀주, 용주, 통주, 철주, 곽주가 모여 있는 곳이지요.

서희는 혈혈단신으로 적진으로 가 담판만으로 거란의 1차 침입에서 고려를 구했을 뿐만 아니라 영토까지 넓히는 쾌거를 얻어냅니다. 자신이 쥔 최고의 패, 뛰어난 외교술로 피 한 방울 흘리지 않고 고려 역사에 길이 남을 국익까지 이끌어낸 것이지요.

담판을 하는 서희 기록화 전쟁기념관 제공

거란의 2차 침공!
황제가 이끌고 온 40만 대군

서희의 외교로 잘 마무리되었던 고려와 거란의 관계는 17년 만에 다시금 균열이 생기고 맙니다. 강감찬이 고려 조정에서 예부시랑으로 활동하던 1010년, 거란의 2차 침공이 발발한 것이지요.

거란의 2차 침공에는 '강조의 정변'이 빌미가 되었습니다. 앞서 권신 강조가 정변을 일으켜 고려 제7대 왕 목종을 폐위시키고 제8대 왕으로 현종을 옹립했던 사건을 기억하지요? 그런데 고려에서 일어난 정변이 왜 전쟁을 불사할 정도로 거란에게 문제가 됐던 걸까요? 거란의 1차 침공 이후 고려와 거란은 국교를 맺기로 약속했지요. 이때부터 고려 왕은 거란 황제의 책봉을 받게 되면서 국제 질서상 고려는 거란의 제후국이 된 셈이었습니다. 엄연히 거란 황제가 책봉한 목종을 신하인 강조가 시해했으니, 이를 그냥 두고 볼 수 없다는 명분을 내세워 고려에 쳐들어온 것이지요.

하지만 거란이 고려를 다시금 침략한 속셈은 따로 있었습니다. 이즈음 고려가 거란 몰래 송나라와 교류를 시작했거든요. 고려를 칠 명분이 없어 호시탐탐 고려를 손볼 기회만 노리던 그때, 마침 강조의 정변이 일어났으니 거란 황제는 이 절호의 기회를 놓칠 수 없었겠지요. 그렇다면 이번에 거란은 고려에 얼마나 많은 군사를 보냈을까요?

"거란 임금이 친히 보병과 기병 40만을 의군천병義軍天兵이라 이름 하여 거느리고, 압록강을 건너 흥화진을 포위하였다."

《고려사》127권, 열전 반역 강조

거란 황제는 무려 40만이라는 대군을 보낸 것도 모자라 자신이 직접 군사를 통솔하여 고려를 침입했습니다. 지난 1차 침공 때에는 지방관이었던 소손녕이 군사를 끌고 왔지만 이번에는 거란 황제가 대군을 이끌고 대대적으로 고려를 치러 왔으니 거란군의 사기는 하늘을 찌를 듯했습니다. 설상가상 거란 황제의 곁에는 송나라와의 전쟁에서 연전연승을 거둔 맹장이 함께했지요. 그의 이름은 소배압이었습니다.

소배압은 거란 1차 침입 때 거란군을 끌고 왔던 소손녕의 형으로, 기록에 따르면 전쟁에도 능숙했을 뿐 아니라 정치술도 뛰어난 인물이었습니다. 소배압은 거란 황제가 직접 참전한 송나라와의 결정적 전투에서 대승을 거두며 이름을 떨쳤지요.

거란 황제와 맹장 소배압을 필두로 압록강을 건너온 군대가 가장 먼저 당도한 고려의 성은 흥화진이었습니다. 강동 6주 중 하나로 고려의 최전선이었지요. 1010년 음력 11월 16일, 거란의 기마병은 당장이라도 정복할 기세로 흥화진을 포위해 맹렬한 공격을 퍼부었습니다. 그런데 어찌된 일일까요? 거란의 군대는 흥화진을 공격한 지 일주일이 지나도록 흥화진의 성벽을 무너뜨리지 못했습니다.

결사 항전의 홍화진
거란의 발목을 잡다

　40만의 거란을 막고 있었던 건, 홍화진에 주둔해 있던 수천명의 군사였습니다. 거란군에 비해 턱도 없이 적은 군사가 어떻게 홍화진을 철옹성처럼 지킬 수 있었을까요? 홍화진에는 군사들의 사기를 북돋우며, 임전무퇴를 외친 장수가 있었기 때문입니다. 악전고투를 이어가며 홍화진을 지킨 도순검사 양규였지요.

강동 6주

　홍화진을 결코 내주지 않는 양규에게 거란 황제는 화살에 칙서를 묶어 보내기까지 합니다.

　"죄인 강조를 벌하러 온 것이니, 다른 이들은 용서해 주겠다. 그러니 항복하라."

　거란 황제가 난공불락의 홍화진을 무너뜨리기 위해 양규와 홍화진의 군사들을 회유하려 한 것이지요. 심지어 거란 황제는 비단, 은그릇 같은 보물을 홍화진에 보내기도 했습니다. 거란의 회유는 과연 효과가 있었을까요? 양규는 거란의 회유에도 굴하지 않습니다. 결사 항전으로 흥화진 성문을 걸어 잠근 양규의 활약으로 흥화진의 성문은 단 한 번도 열리지 않았습니다.

그런데 거란군과 대치가 계속되는 상황에서 양규의 눈빛이 크게 흔들리는 일이 벌어졌습니다. 거란의 황제에게 항복하라는 편지가 도착했기 때문이지요. 양규는 이 편지의 발신인을 보고 크게 당황했습니다. 발신자가 다름 아닌 고려군의 총사령관 강조였기 때문이지요.

흥화진에 발이 묶인 상황에서 더 이상 시간을 축낼 수 없었던 거란 황제는 흥화진에 군사 20만을 남기고 나머지 20만에게 남진을 명령합니다. 그리고 지금의 평안북도 선천인 통주 인근에서 강조를 기습하여 생포해 버렸지요. 강조를 생포한 거란군은 근처의 곽주까지 점령하며 승승장구하고 있었습니다. 사령관 강조의 명령에 혼란스러웠던 양규는 깊은 고민 끝에 이렇게 말합니다.

"나는 왕명을 받고 흥화진을 지키기 위해 이곳에 왔다. 강조의 명령으로 온 것이 아니다!"

양규는 흥화진을 지키는 자신이 항복하면 고려가 순식간에 무너질 거라고 판단했습니다. 모두가 눈치를 보는 고려의 실세 강조의 명령에도 뜻을 굽히지 않았던 것이지요. 그런데 거란에 항복하라는 이 편지는 실제로 강조가 쓴 게 아니었습니다. 거란군이 흥화진을 정복하기 위해 강조가 쓴 것처럼 꾸며낸 것이었어요. 양규의 굳은 의지가 아니었다면 자칫 거란군의 교란 전술에 깜빡 속아 넘어갈 뻔했습니다.

그러던 음력 12월 16일, 절대 열리지 않았던 흥화진의 성문이 슬그머니 열리더니 고려군이 어디론가 급히 움직였습니다. 성문에서 나온 자는 흥화진의 군사 700여 명을 이끄는 양규였지요. 그는 강조가 거란군에게 사로잡혔던 통주로 가서 흩어져 있던 고려군 1천여 명을 수습했습니다. 그렇게 1,700여 명의 군사를 모은 양규는 다시 곽주로 향했습니다. 양규는 거란군에게 함락되었던 곽주를 탈환하기 위해 군사들과 함께 게릴라전을 펼쳤습니다. 그들은 어둠을 틈타 6천여 명의 거란군의 목을 모조리 베고, 성 안에서 잡혀 있던 7천여 명의 고려인까지 구해냅니다. 양규와 각 지역의 지방군의 활약 덕분에 고려는 곽주, 통주, 서경 등을 지켜낼 수 있었지요. 거란군은 죽을힘을 다해 나라를 지키는 북쪽의 고려군 때문에 좀처럼 남하하지 못했습니다.

뛰어난 판단으로
현종의 목숨을 구하다

양규가 곽주를 탈환한 지 약 열흘이 지난 음력 12월 28일, 거란군은 공성전을 포기하고 특단의 조치를 내렸습니다. 흥화진에 이어 서경까지 쉽사리 함락시키지 못하자 말을 달려 고려의 수도이자, 현종이 있는 개경으로 진격한 것이었습니다. 거란군이 있는 서경에서 개경까지는 약 160킬로미터! 기동력이 뛰어난 거란의 대군이 개경까지 오는 건 시간문제였습니다.

고려 조정은 이내 신료들의 고성과 탄식으로 가득 찼습니다. 그들은 현종에게 개경이 함락되기 전에 서둘러 거란에 항복하자고 고했지요. 그런데 거란의 1차 침공 때 서희처럼 홀로 반대를 외치는 신하가 한 명 있었으니, 그는 정4품 예부시랑 강감찬이었습니다. 강감찬은 항복 대신 위기에서 벗어날 묘안을 제시했지요.

> "많은 수의 군사를 맞아 적은 수의 군사는 적수가 되지 못하므로 마땅히 그 칼날을 피하였다가 서서히 부흥할 방안을 모색해야 합니다"라고 하고 마침내 왕에게 남쪽으로 피난할 것을 권하였다.
>
> 《고려사절요》 3권, 현종 1년(1010) 12월 28일

강감찬은 현종에게 수도 개경을 버리고 남쪽으로 몽진할 것을 제안했습니다. 이미 대부분의 고려 군사는 강조와 함께 개경을 떠나 전방에 있는 상태였고, 개경에는 왕을 지키면서 거란과 싸울 군사가 얼마 남아 있지 않은 상태였기 때문이지요.

그리고 강감찬이 항복에 반대한 이유는 하나 더 있었습니다. 거란이 고려를 공격한 대외적 명분은 강조의 정변이었고 이미 거란은 강조를 잡아간 상황이었지요. 그래서 강감찬은 거란 황제에게

는 이 전쟁을 이어갈 명분이 없다고 판단했던 것입니다. 강감찬은 고려가 거란 황제에게 항복한 후, 현종이 거란에 붙잡히는 것이야 말로 최악의 수라고 생각했던 겁니다. 그렇기에 현종을 피난시켜 우선 시간을 벌고 후사를 도모할 필요가 있다고 말한 것이지요. 고민을 거듭하던 현종은 강감찬의 말을 따르기로 하고 개경을 떠났습니다. 현종이 피난길에 오르고 3일 뒤, 거란군은 무서운 기세로 개경을 함락시켰습니다. 현종은 강감찬 덕분에 위기를 모면할 수 있었지요.

개경에서 남쪽으로 몽진하던 현종은 쓸개즙을 삼키는 심정으로 거란 황제에게 이 모든 상황을 마무리 지을 파격적인 제안을 하기로 결심했습니다. 고려의 왕이 거란 황제를 직접 만나러 가는 '친조親朝'를 하겠다고 한 것이지요. 거란의 1차 침입 이후 고려와 거란은 조공과 책봉의 관계를 맺긴 했지만, 왕이 직접 황제를 만나러 가는 친조는 한 적이 없었습니다. 그렇다면 현종은 왜 굳이 거란의 황제를 만나러 가겠다는 결정을 내린 걸까요? 현종은 강대국인 거란을 인정하고 섬기겠다는 뜻을 보여야 이 전쟁을 끝낼 수 있으리라고 판단한 것입니다.

마침내 고려의 화친 제의를 수락한 거란 황제가 개경에 주둔해 있던 군대를 철수시킨다는 소식이 전해졌습니다. 거란의 2차 침공은 마무리되었지만 흥화진을 지키던 양규를 비롯해 많은 고려인이 전장의 이슬로 사라지고 말았지요. 거란군이 철군했다는 보고

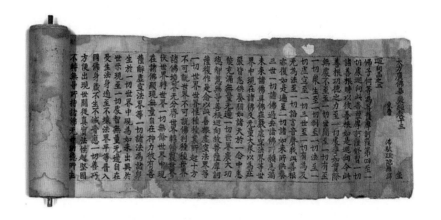

초조본 대방광불화엄경 제13권 거란의 2차 침공이 발발한 이후 고려는 부처의 힘으로 거란을 물리치기를 기원하며 불교의 가르침을 새긴 대장경을 제작했다. 고려에서 처음 만든 대장경이라 하여 초조대장경이라 부르며, 이는 세계에서 두 번째로 제작된 대장경이다. 초조대장경은 13세기 몽골의 침입 때 소실되었으나 닥종이에 목판을 찍어낸 두루마리는 지금까지 남아 전해진다. 위의 사진은 초조대장경의 인쇄물 가운데 하나다. 국립중앙박물관 제공.

를 받고, 현종은 겨우 개경에 돌아올 수 있었습니다.

> "당시에 강공의 계책을 쓰지 않았다면 온 나라가 모두 오랑캐가 되
> 었을 것이다."
>
> 《고려사》 94권, 열전 제신 강감찬

개경으로 돌아온 현종은 강감찬의 계책이 없었다면 고려는 야
만인의 나라가 되고 말았을 것이라며 그를 나라를 구한 영웅으로
치하했지요.

거란의 3차 침공!
70대 노장 강감찬의 출정

현종의 몽진을 추진한 이후 강감찬의 관직 생활은 잘 닦인 도로를 달리는 마차처럼 승진 가도를 달립니다. 위기에서 왕을 구해낸 공을 인정받아 정4품 예부시랑에 머물러 있던 강감찬이 7년 만에 정2품 내사시랑평장사까지 오르게 된 것이지요.

그렇게 시간이 흘러 1018년 음력 12월 10일, 다시는 듣고 싶지 않았던 청천벽력 같은 소식이 북쪽에서 또 한 번 날아옵니다.

> "소배압을 도통으로 삼아 (…) 고려를 정벌하게 하였다."
>
> 《요사》 16권, 본기 성종 7(1018)

8년 전, 개경을 쑥대밭으로 만들었던 무자비한 맹장 소배압이 이번에는 거란군의 총사령관이 되어 최정예 군사 10만 명을 끌고 고려로 쳐들어온 것입니다. 거란의 3차 침공이 발발하는 순간이었습니다.

이번에 거란이 고려를 침공한 이유는 거란의 2차 침공 때 현종이 약속한 친조를 이행하지 않았기 때문입니다. 현종이 친조를 하겠다고 말한 건 거란군을 후퇴시키기 위한 작전일 뿐이었지요. 친조는 동아시아에서 실리 외교를 취하기 위해 종종 사용되던 외교적 수사 중 하나였습니다. 하지만 거란족은 유목 민족이다 보니 적의 수장으로부터 항복을 받는 것을 완전한 승리라고 인식했습니다. 현종이 친조를 하겠다고 했을 때 거란은 고려를 완전히 굴복시켰다고 착각했던 것이지요. 두 나라가 전쟁과 외교를 바라보는 시각이 달랐기에 벌어진 일이었습니다.

사실 거란의 3차 침공 이전에도 고려와 거란의 관계는 심상치 않았습니다. 1013년부터는 현종의 친조 이행을 두고서 두 나라 사이에 국지전에 벌어졌고, 1015년에는 거란 황제의 사신이 현종에게 약속을 어긴 대가로 강동 6주를 돌려달라고 엄포를 놓기도 했지요. 그러나 현종은 강동 6주를 돌려주기는커녕 거란의 사신을 가둬버렸습니다. 결국 거란 황제는 소배압에게 고려를 완전히 굴복시키고 오라는 명령을 내렸지요.

거란과의 피비린내 나는 세 번째 전쟁이 임박한 이때, 현종은 위기의 고려를 구할 고려군의 총지휘관 상원수上元帥를 임명했습니다. 고려군의 최고사령관은 누구였을까요? 바로 71세의 노장 강감찬

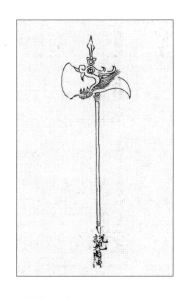

병기용 도끼 고려 시대에는 출정하는 원수에게 도끼인 부월斧鉞을 하사했다. 부월은 국왕이 가진 살생에 대한 결정권을 의미하며, 전장에서 그 권한을 위임한다는 뜻이다. 위 그림은 《세종실록》 군례 서례에 그려진 것으로, 조선 시대에 이르러서도 왕이 총책임자에게 살생의 권한을 위임하면서 부월을 하사한 기록을 살펴볼 수 있다. 국가기록원 제공.

이었습니다. 현종은 강감찬에게 고려군 20만 8천여 명을 내렸지요. 그런데 놀라운 사실은 강감찬이 약 35년의 관직 생활 동안 단한 번도 전쟁터에 나가본 적이 없다는 것이었습니다. 강감찬은 생애 첫 출정에서 대군을 지휘하게 된 것이었지요.

전쟁에서 승기를 거머쥐려면 많은 병사와 무력도 중요할 테지만, 군사를 다루고 전략을 지시하는 병법과 전술도 필수적입니다. 현종은 강감찬이야말로 고려를 구할 마지막 카드라고 생각했지요. 지략가로서 강감찬이 고려군을 총지휘하는 상원수에 어울린다고 판단했던 것입니다.

그렇게 일평생 붓을 쥐고 산 70대 노장 강감찬은 고려군의 총지휘관이 되어, 거란의 맹장 소배압에 맞서기 위해 길을 나섰습니다. 현종의 명을 받고 개경을 떠난 강감찬과 고려군. 그들이 향한 곳은 고려의 최전방에 있는 요새 흥화진이었습니다. 그곳에서 거란군을 가장 먼저 만나게 될 것이라 생각한 것이지요.

거란군의 입장에서는 흥화진을 쳐야 고려의 땅 깊숙한 곳까지 진격할 수 있었습니다. 이러한 거란의 전략을 미리 내다봤던 강감찬은 흥화진에서 1차로 거란군을 섬멸하려 했던 것입니다. 과연 강감찬의 예상대로 거란군은 압록강을 건너 흥화진으로 진격했을까요?

압록강을 건너온 거란군은 흥화진성에서 멀지 않은 곳에 도착했습니다. 그런데 이게 어찌된 일일까요? 거란군이 흥화진성을 공격하지 않는 게 아닙니까! 거란이 3차 침공을 시도한 때는 흥화진 근교의 삼교천이 꽁꽁 얼 만큼 추운 겨울이었지요. 거란군은 빙판이 되어버린 삼교천을 건너며 강감찬의 부대가 주둔해 있는 흥화진을 그냥 지나쳐 갑니다. 이대로라면 거란군을 섬멸하겠다는 강감찬의 계획이 모두 틀어질 수도 있었지요.

그런데 거란군이 삼교천을 한창 건너는 중에 갑자기 어디선가 쏴 하고 이상한 소리가 들려옵니다. 강의 상류에서 물줄기가 터져 강물이 한꺼번에 쏟아져 내려오는 소리였습니다.

> "큰 동아줄을 소가죽에 꿰어서 성 동쪽의 큰 냇물을 막고 그들을 기다렸다. 적들이 오자 막아놓았던 물줄기를 터놓고 복병을 돌격시켜 크게 패배시켰다."
>
> 《고려사》 94권, 열전 제신 강감찬

강감찬은 8년 전 거란의 2차 침공 때 소배압과 거란군이 끝내 흥화진을 함락시키지 못했던 것을 기억해냈습니다. 그래서 이번에는 거란군이 흥화진을 우회할 수도 있겠다고 미리 예측한 것입니다. 강감찬은 지형을 이용해 거란군의 허를 찌를 함정을 만들어두었던 것이지요.

겨울이라 삼교천의 표면은 얼음이 얼었지만 강 아래로는 물이 계속 흐르고 있었습니다. 강감찬은 물길이 좁은 삼교천 상류에 소가죽을 엮어 인공 둑을 만들고 거란군이 강을 건너는 순간 인공 둑을 터뜨리도록 지시했습니다. 강물이 쏟아지며 좁은 물길을 타고 강한 물살이 만들어졌고 강을 건너는 거란군을 향해 삽시간에 쏟아졌지요. 거란군의 말은 쏟아지는 강물 때문에 얼음판 위에서 중심을 잃고 도미노처럼 넘어지고 말았습니다. 이를 놓치지 않고 매복해 있던 고려군까지 벌 떼처럼 쏟아져 나와 거란군을 공격하기 시작했습니다.

거란군의 경로를 예측하고, 함정을 만든 강감찬의 지략이 돋보이는 그야말로 탁월한 전술이었던 것입니다. 그렇게 첫 전투에서 강감찬은 거란군을 보기 좋게 한 방 먹여주었지요.

소배압의 승부수
전쟁을 끝낼 강감찬의 결심

고려군이 승리의 기쁨을 누릴 수 있는 시간은 잠시뿐이었습니다. 소배압이 이끄는 거란군이 흥화진 근교에서 패배한 뒤에도 진격을 멈추지 않는 것이었습니다. 과연 소배압은 어떤 전략을 가지고 있었던 걸까요?

"상원수의 군대가 흥화진에 이르러 거란군을 크게 무찌르자, 소배압이 군대를 이끌고 곧장 개경으로 진격하였다."

《고려사》 4권, 현종 9년(1018) 12월 10일

홍화진에서 대패한 소배압은 거란군을 이끌고 개경으로 달려갔습니다. 소배압의 목적은 고려 왕 현종이었던 거예요. 고려의 수장인 현종을 사로잡아 항복을 받아내면 거란이 승리를 거머쥘 것이라 생각했던 것 같습니다. 그래서 시간이 오래 걸리는 공성전을 치르는 대신 고려군과의 전투를 피하며 곧장 개경으로 진격하리라 결심한 것입니다. 소배압은 거란의 뛰어난 기동력을 앞세워 개경을 치려는 승부수를 던진 것이지요.

강감찬이 과연 소배압의 속셈을 몰랐을까요? 강감찬은 곧장 개경에 진격하려는 거란군의 속셈을 눈치채고 골똘히 고민한 끝에 두 인물을 부르지요. 대장군 강민첨과 시랑 조원이었습니다. 강감찬이 부른 이 두 인물은 공통점이 있습니다. 1010년 거란의 2차 침공 때 거란군에 맞서 서경성을 지켜낸 경험이 있던 자들이었지요. 강감찬은 누구보다 거란

고려 주요 군사 지역

군을 잘 아는 두 사람에게 막중한 임무를 맡겼습니다.

먼저 강민첨은 지금의 평안남도 순천군인 자주로 가라고 명했고, 조원은 평양시 승호군 인근의 마탄으로 가라고 명했습니다. 강감찬의 명령을 받은 강민첨과 조원은 숨 돌릴 틈 없이 거란군의 뒤를 추격하기 시작했지요. 얼마 후 두 사람으로부터 소식이 들려왔습니다.

> "소배압이 군사를 거느리고 곧바로 개경으로 향하자, 강민첨이 추격하여 자주의 내구산에 이르러 그들을 크게 무찔렀다."
>
> 《고려사》 94권, 열전 제신 강민첨

> "시랑 조원은 또 마탄에서 공격하여 목 벤 것이 1만여 급이었다."
>
> 《고려사》 94권, 열전 제신 강감찬

강감찬의 예상대로 강민첨의 부대가 자주에서 거란군과 맞닥뜨려 거란군을 상대로 대승을 거둡니다. 조원을 보냈던 마탄에서도 승리가 이어졌습니다. 조원은 1만여 명의 거란군을 무찌르는 쾌거를 이뤘지요. 마치 손바닥 들여다보듯 거란군의 전략을 속속들이 파악한 강감찬이 적재적소에 장수들을 보내 연전연승을 거둔 것입니다.

연이은 고려군과의 전투에서 패배하고 군사까지 잃은 소배압은 어떤 조치를 취했을까요? 소배압은 포기하지 않았습니다. 오히려 소배압이 이끄는 거란군은 말을 달려 고려 깊숙이 진격해 개경성 코앞까지 도착한 상황이었지요. 흥화진에 이어 자주, 마탄까지 연이어 고려군에게 패배했지만 눈앞에 개경을 둔 상황! 소배압은 개경만 함락시키고 고려의 왕 현종만 사로잡으면 승리할 수 있겠다 생각하지 않았을까요? 그런데 개경에 도착한 소배압은 이내 통탄을 금치 못했습니다.

> "강감찬은 거란군이 개경 가까이 오자 병마판관 김종현으로 하여금 병사 1만 명을 거느려 급히 개경으로 들어가 수비하게 했다."
>
> 《고려사》 94권, 열전 제신 강감찬

강감찬은 거란군이 개경에 도착하기 하루 전, 급히 1만 명의 지원군을 개경으로 보냈습니다. 소배압은 강감찬이 보낸 수비군 때문에 개경을 공격할 엄두조차 내지 못했지요.

결국, 소배압은 개경을 코앞에 두고 피눈물을 삼키며 회군을 결정합니다. 거란군이 다시 북쪽으로 회군한다는 소식을 강감찬도 들었겠지요? 강감찬은 이것이 거란군을 혼쭐낼 최후의 기회라고 생각했을 것입니다.

'지금 거란군을 섬멸하여 다시는 고려 땅을 밟지 못하게 하자!'

역사에 길이 남을 승리
최후의 한판, 귀주대첩

1019년 음력 2월 1일, 강감찬은 북쪽으로 후퇴하려는 거란군과 소배압의 퇴로를 막고 드넓은 벌판에서 정면승부를 준비했습니다. 결판이 날 최후의 승부지는 오늘날 평안북도 구성시로 불리는 귀주였지요. 개경에서 가까스로 귀주까지 후퇴한 거란군은 하루만 더 달리면 거란 땅으로 돌아갈 수 있었습니다. 그런데 거란군의 후퇴 경로를 예측한 강감찬이 그 앞을 떡하니 막아섰지요.

고려를 장악하겠다는 거란의 야망을 꺾어버릴 마지막 전투의 막이 올랐습니다. 강감찬과 고려군은 거란군에게 뼈저린 패배를 안겨주기 위해 이 전투에 목숨을 걸었지요. 명장 강감찬과 소배압의 운명을 건 치열한 전투는 어느 한쪽으로 기울지 않고 팽팽하게 이어졌습니다. 그런데 싸우는 시간이 길어질수록 고려군은 점점 밀리기 시작합니다. 송나라를 이길 정도로 명성을 떨쳤던 소배압과 어려서부터 기마를 배우는 거란군과의 정면 승부는 고려군에겐 불리했지요. 심지어 날씨마저 고려의 편이 아니었습니다. 고려군을 향해 불어오는 바람 때문에 화살이 적진을 향해 제대로 날아가지 못했던 것입니다. 반대로 거란군이 쏜 화살은 바람을 타고 매섭게 고려군을 공격했지요.

그때 저 멀리서 뜻밖의 한 무리가 다가왔습니다. 강감찬이 개경을 수비하라 보냈던 김종현과 1만 명의 고려 기병대가 혜성처럼 전쟁터에 등장한 것입니다. 그런데 김종현의 기병대가 나타난 위치가 아주 절묘했습니다. 그들은 거란군의 후미에 등장해 거란군을 치기 시작했지요. 고려군은 이제 샌드위치처럼 양쪽에서 거란군을 공격할 수 있었습니다.

그 와중에 믿을 수 없는 천운까지 고려군에게 찾아옵니다. 바람이 방향을 바꾸더니 이제는 고려군 등 뒤에서 불어오는 것이 아니겠어요? 고려군의 화살은 바람을

귀주대첩 당시 고려군 예상 진영

타고 거란군을 향해 비 오듯 쏟아졌습니다. 불가능한 싸움이라고 생각했던 고려군의 사기는 하늘을 찌를 듯 치솟았습니다.

살아서 돌아간 자가 겨우 수천 명이었으니, 거란의 패배가 이토록 심한 적은 없었다. 거란의 군주가 패전 소식을 듣고 대노하여, 사자를 소배압에게 보내어 말하기를, "네가 적을 얕잡아보고 적국 깊이 들어가 이런 지경이 되었으니, 무슨 면목으로 나를 보려는가? 짐은

너의 얼굴 가죽을 벗기고, 그런 후에 죽일 것이다"라고 하였다.

《고려사》 94권, 열전 제신 강감찬

거란의 3차 침공 때 소배압이 끌고 온 거란군은 무려 10만 명에
달했습니다. 그런데 기록을 보면 살아서 돌아간 거란군은 겨우 수
천 명뿐이라고 하죠. 고려군 총지휘관이자 노장 강감찬이 거란의
맹장 소배압이 이끄는 거란군을 물리치고 대승을 거둔 것입니다.

거란과 치른 이 마지막 전쟁을 귀주대첩이라 부릅니다. '대첩大
捷'이라는 말은 불리한 상황에서 전세를 역전시킨 전투나 일방적으
로 대승을 거둔 전투에만 붙인다고 하지요. 그 정도로 귀주대첩은

귀주대첩 기록화 전쟁기념관 제공

거란에게 크나큰 패배를 안긴 전쟁이었던 것입니다. 거란 역사상 이처럼 큰 패배를 겪은 전쟁은 강감찬이 이끈 귀주대첩뿐이라고 합니다.

귀주대첩의 승리는 동아시아 정세에도 커다란 변화를 가져옵니다. 송나라, 거란, 고려의 관계가 새롭게 정립되었거든요. 거란과 송나라는 서로 대립하다가 거란이 우위를 잡았던 반면 고려는 거란의 책봉을 받긴 했어도 귀주대첩의 승리로 국제적인 위상이 높아졌기 때문입니다. 귀주대첩 이후 세 나라가 힘의 균형을 맞추어 약 100년간 동아시아에 평화가 찾아오게 되었지요. 또한 거란은 다신 고려 땅을 넘볼 수 없었습니다.

고려거란전쟁의 마침표
고려를 구한 난세의 영웅

귀주대첩을 대승으로 이끈 강감찬은 이후 어떻게 됐을까요? 개선장군이 된 강감찬은 귀주대첩의 승전보를 전하기 위해 현종이 있는 개경으로 향했습니다. 그리고 강감찬이 개경에 다다르기도 전에 고려 역사상 유례없는 일이 벌어졌지요.

"왕은 친히 영파역에 나와 영접하였다. (…) 금으로 만든 꽃 8가지를 몸소 강감찬의 머리를 꽂아주었다."

《고려사》 94권, 열전 제신 강감찬

개경 궁궐에 있었던 현종이 직접 강감찬을 마중 나온 것입니다. 이날 강감찬은 두 손을 자유롭게 쓰지도 못했습니다. 현종이 축하 연회 내내 오른손에는 술잔을 쥐고 왼손에는 강감찬의 손을 잡은 채 쉬지 않고 강감찬을 칭찬했기 때문이지요.

귀주대첩 이후 은퇴한 강감찬은 83세에는 문신직 최고 벼슬인 문하시중門下侍中의 자리까지 올랐습니다. 그리고 이듬해 84세의 나이로 세상을 떠났지요.

993년부터 1019년까지 26년간 끈질기게 고려를 넘보았던 거란과의 전쟁은 이렇게 막을 내렸습니다. 고려가 멸망하고 조선이라는 새 나라가 한반도에 자리 잡은 뒤에도 임진왜란, 병자호란처럼 큰 위기가 닥치면 강감찬 같은 영웅의 등장을 바라며 제사를 지냈다고 합니다. 일제가 국권을 침탈한 일제강점기에는 많은 지식인이 위인전을 저술해 민족의 자긍심과 주체성을 일깨우고자 했는데 강감찬은 을지문덕, 이순신과 함께 단골로 꼽혔습니다.

강감찬의 이름이 두고두고 빛난 이유는 비단 70대라는 많은 나이에 전쟁을 나갔기 때문도, 뛰어난 전략으로 승리를 쟁취했기 때문도 아닐 것입니다. 도저히 승산이 없어 보이는 싸움에서도 자기 자리에서 최선을 다했던 불굴의 의지가 오랜 세월이 지나도록 커다란 감동을 주기 때문이겠지요. 후세에 아픔을 넘겨주지 않겠다는 의지로 각자의 자리에서 고려를 지켰던 서희, 양규, 그리고 이름 모를 수많은 백성들의 이야기도 마찬가지입니다.

4장

벌거벗은
서경천도운동

김도연(대구대학교 자유전공학부 교수)

승려 묘청은 왜
고려의 수도를 바꾸려 했나

우리나라 역사를 살펴보면 각 나라마다 그 나라를 대표하는 도시가 있습니다. 신라는 서라벌(경주), 조선은 한양(서울)처럼요. 이 도시들에는 공통점이 있지요? 바로 한 나라의 수도였다는 점입니다. 서라벌은 천 년 동안 신라의 수도였고, 한양은 조선 왕조 500년 동안 조선의 수도였지요.

반면 시기마다 수도가 달라졌던 나라도 있습니다. 백제가 그러했지요. 백제는 초기 한강 유역의 한성을 수도로 삼았지만 고구려의 남하 정책으로 한성이 공격당하자 지금의 공주 지역인 웅진으로 도읍을 옮겼습니다. 이후 부여인 사비로 천도해 기회를 노렸죠. 외침으로 인해 부침이 있었던 백제의 역사가 수도 변천을 통해서도 드러나지요.

고려의 수도는 강화도 천도기를 제외하고 436년 8개월 동안 개경이었습니다. 개경은 오랫동안 고려 왕조의 상징으로 기능했지요. 그런데 1135년, 고려 제17대 왕 인종 대에 개국 이후 줄곧 수도였던 개경을 버리고 지금의 평양인 서경으로 천도를 실행하려 합니다. 200여 년 동안 수도 역할을 했던 개경 대신 왜 서경으로 가려고 했던 걸까요? 그리고 이 서경 천도를 주도한 인물은 과연 누구였을까요? 놀랍게도 승려 묘청이라는 자였습니다.

그의 이름에 쓰인 한자 '묘할 묘妙'를 보면 알 수 있듯, 묘청이 서경 천도를 주도한 방법이 조금 독특합니다. 대동강에서 용의 흔적을 찾아내 인종의 마음을 홀리는가 하면 비와 바람을 주관하는 신과 대화를 하며 도술에 버금가는 능력을 발휘하는 게 아니겠어요?

묘청은 정말로 도술을 부려 왕의 마음을 훔쳤던 걸까요? 그는 왜 고려의 수도를 서경으로 옮겨야 한다고 주장한 걸까요? 묘청의 서경천도운동에 숨겨진 신묘한 비밀을 벌거벗겨 보겠습니다.

궁궐을 쑥대밭으로 만든 문벌 이자겸의 난

묘청이라는 인물이 등장하기 9년 전인 1126년, 고려는 18살의 인종이 다스리고 있었습니다. 아버지인 제16대 왕 예종을 여의고 14살에 즉위한 인종은 즉위한 지 4년 만에 인생 최대의 위기를 맞았지요. 음력 2월 26일 새벽, 인종이 개경의 궁궐에 머물고 있을 때였습니다. 갑자기 궁궐에 커다란 화염이 치솟았고 혼비백산한 궁인들은 서둘러 궁 밖으로 도망치기 시작했지요. 그런데 성문 밖에서 모두를 공포에 떨게 만드는 목소리가 들려왔습니다.

"안으로부터 나오는 자가 있거든 즉시 죽여라!"

누군가가 성문 밖을 지키고 서서 성 밖으로 나오는 사람을 모두 죽이겠다고 말했습니다. 대체 궁궐에서 무슨 일이 벌어진 걸까요? 바로 이자겸과 척준경이라는 자가 반란을 일으켰던 것입니다.

그런데 놀라운 건 반란을 일으킨 이자겸의 정체입니다. 사실 이자겸은 인종과 무척 가까운 인물이었거든요. 그는 인종의 외할아버지이자 장인이었습니다. 어떻게 가능한 관계일까요? 인종의 아버지인 예종이 이자겸의 둘째 딸과 결혼해 인종을 낳았고, 그 후 인종이 이자겸의 셋째 딸과 연이어 넷째 딸과도 결혼을 한 것입니다. 이처럼 이자겸은 예종과 인종, 이렇게 2대에 걸쳐 딸을 왕에게 시집보낸 권세 있는 외척이었습니다.

이자겸의 집안인 '경원 이씨'는 고려 제11대 왕부터 대대손손 연이어 왕비를 배출한 가문이었습니다. 이자겸은 하늘에 나는 새도 떨어뜨릴 만큼 대단한 힘과 영향력을 가지고 있었지요. 이처럼 고려에서는 대대로 왕비와 높은 자리의 관직자를 배출한 가문을 가

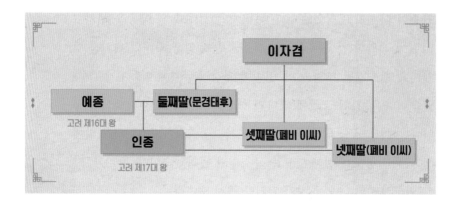

문벌 이자겸의 가계도

리켜 '문벌^{門閥}'이라고 불렀습니다. 한 번 배출하기도 어려운 재상을 여러 대에 연이어 배출했으니 가문의 부와 권세는 하늘을 찌를 듯했겠지요. 강력한 기득권이 된 문벌은 각종 특권을 누리며 점점 보수화되었습니다. 고려 시대 지배 세력으로 군림하는 문벌 중에서도 이자겸의 집안은 고려 왕실과의 혼인을 통해 손에 꼽히는 권세와 명망을 자랑하던 최고의 가문이었습니다.

그런데 남부러울 것 없는 이자겸이 난을 일으킨 이유는 무엇이었을까요? 이자겸은 마음대로 권력을 휘두르며 고려 조정을 장악하고 있었습니다. 이자겸의 뜻대로 조정 관리에게 벌과 상을 주는 일이 빈번했지요. 심지어 왕을 오라 가라 명령하며 오만불손한 행동까지 일삼았던 것입니다. 그렇다 보니 이자겸에게 아첨하며 잘 보이려는 이는 점점 늘어났고 이에 반해 인종의 권위는 추락할 수

〈아집도 대련〉 중 일부 고려 시대 문벌 귀족의 생활상을 담은 그림으로 알려져 있다. 〈아집도〉는 귀족들이 벗들과 시를 짓거나 그림을 감상하며, 한가로이 풍류를 즐기는 모습을 담은 그림을 지칭한다. 호암미술관 제공.

밖에 없었겠지요. 인종과 다른 문벌에게도 이자겸은 눈엣가시일 정도였으니까요. 결국 인종은 뜻이 맞는 신하들과 함께 이자겸의 제거를 시도했습니다. 그런데 이 계획은 실패하고 이자겸이 난을 일으켜 인종을 공격해 버린 것이지요.

이자겸은 순식간에 궁궐을 장악해 반란을 성공시킨 뒤, 인종을 자기 집에 가둬버리기까지 했습니다. 이자겸이 일으킨 반란으로 궁궐의 대부분은 불탔고 많은 이가 목숨을 잃었지요. 인종은 겨우 왕좌는 빼앗기지 않았지만 이렇게까지 된 이상 고려를 제대로 통치할 수 없었겠지요. 외할아버지이자 장인인 이자겸을 몰아내려다 오히려 궁지에 몰린 인종은 두려움에 떨며 이자겸에게 왕의 자리를 넘기려고까지 했습니다. 하지만 이자겸은 고려 조정 신하들의 거센 반발로 왕위에 오르진 못합니다. 이후 이자겸은 계속해서 인종의 목숨을 노렸지요. 난을 성공시킨 이자겸은 전보다 더 강력한 힘을 휘두르게 되었습니다.

안팎으로
궁지에 몰린 인종

안타깝게도 인종의 시련은 여기서 그치지 않았습니다. 고려 내부에서는 이자겸이 일으킨 난으로 사면초가였고, 고려 외부에서는 국경을 맞대고 있던 금나라가 끊임없이 고려를 괴롭혔기 때문이었지요.

고려, 송나라, 거란이 힘의 균형을 이루던 동북아 정세는 12세기에 이르자 변화를 맞이했습니다. 거란이 쇠퇴하고 말갈족의 후손인 여진족이 새롭게 세력을 잡았거든요. 성장을 거듭하던 여진족이 세운 나라가 금나라입니다. 그리고 1125년, 금나라는 한때 동아시아 강대국으로 이름을 떨치고 고려가 사대를 맺었던 거란을 멸망시켰지요. 금나라는 이내 고개를 돌려 고려를 바라보았습니다.

그리고 고려가 거란에게 사대했던 것처럼 금나라에도 사대를 요구했지요.

금나라의 서슬 퍼런 위협에 고려 조정은 발칵 뒤집어졌습니다. 고려 조정을 장악하고 있던 이자겸은 이런 상황 속에서 대신들이 깜짝 놀랄 만한 말을 던졌지요.

"작은 나라가 큰 나라를 섬기는 것은 도리니, 먼저 예를 갖추는 것이 옳습니다."

이자겸은 고려가 금나라를 섬기는 게 도리라고 주장했던 것입니다. 이때는 이자겸이 인종을 볼모로 삼고 권력의 정점에 서 있던 시기였습니다. 이런 때에 다른 나라와 전쟁을 하게 된다면 자신이

척경입비도 처음에는 고려를 섬기던 여진족은 세력이 커지자 고려 국경을 침범했다. 이에 1107년 윤관이 별무반을 이끌고 여진족을 토벌했다. 위의 그림은 지금의 함경도인 북관에서 있었던 사건을 화첩으로 만든 〈북관유적도첩〉의 그림 중 하나로, 윤관이 새로이 개척한 고려 국경 선춘령에 경계비를 세우는 장면을 묘사했다. 고려대학교 박물관 제공.

움켜쥔 권력의 기반이 흔들릴 수 있으니 권세를 놓치지 않기 위해 손쉬운 사대의 방법을 택한 것이지요. 결국 이자겸의 결정대로 고려는 금나라를 사대하게 되었습니다.

안으로는 이자겸의 위협, 밖으로는 금나라의 압박으로 진퇴양

난에 빠진 인종! 이대로라면 고려 왕권의 위상은 떨어질 대로 떨어져 회복이 불가능해질지도 모를 일이었습니다. 그때 인종 앞에 새로운 돌파구가 나타났습니다. 인종을 손아귀에 쥐고 흔들던 문벌 이자겸이 고려 정계에서 쫓겨나는 일이 일어난 것이지요. 고려 최고의 실세였던 이자겸에게 대체 무슨 일이 벌어진 걸까요?

이자겸의 난 당시, 그를 도운 핵심 인물이 있었습니다. 고려의 전쟁 영웅 척준경이었지요. 그런데 이자겸이 난을 성공시킨 후, 이상하게 이자겸과 척준경의 사이가 점점 멀어지더니 완전히 틀어지고 말았습니다. 그 배후에 인종이 있었거든요. 인종이 막역한 사이였던 두 사람을 이간질했기 때문이지요. 인종은 척준경을 자신의 편으로 포섭하는 데 성공했고, 결국 자신의 목숨을 위협하던 이자겸을 잡아들입니다. 유배를 떠난 이자겸은 1126년 음력 12월 5일, 유배지에서 생을 마감했지요.

인종을 위협하던 외척 이자겸도 사라졌으니, 이제 인종은 고려에서 권력을 되찾고 나라를 잘 다스릴 수 있었을까요? 불행하게도 아니었습니다. 이자겸이 사라지긴 했지만 인종은 여전히 고려 조정에서 힘을 펼치지 못했습니다. 개경에는 여전히 이자겸의 자리를 대체할 수 있는 막강한 문벌 세력이 존재했기 때문입니다. 고려 조정을 좌지우지할 수 있는 건, 여전히 고려의 왕이 아니라 막대한 권세를 지닌 문벌 세력이었습니다.

승려 묘청의 제안
서경 천도

이자겸은 사라졌지만, 여전히 개경의 문벌과 금나라 때문에 골머리를 앓고 있던 인종에게 문제를 해결할 방법이 있다며 한 인물이 다가왔습니다. 고려에서 천재라고 불릴 정도로 학문적 소양이 깊고 인종을 포함해 많은 이에게 존경받는 인물이었던 문신 정지상이었습니다. 그런 정지상이 인종에게 해결책을 제시해 줄 인물을 소개해 주었지요.

> "묘청은 성인이고 백수한도 또한 그 다음이니, 국가의 일을 모두 물은 후에 행하시고 그들이 진청陳請하는 것은 불용함이 없이 받아들이시면 정치가 이루어지고 일이 갖추어져 국가를 보전할 수 있을 것입니다."
>
> 《고려사절요》 9권, 인종 6년(1128) 8월

정지상은 인종에게 중요한 일을 정할 때마다 묘청이라는 사람에게 묻고, 그가 하라는 대로 하면 나라가 안정될 것이라고 조언했습니다.

묘청이란 자는 누구일까요? 그는 출생도 나이도 알려진 게 없어지금까지도 비밀에 싸인 인물입니다. 알려진 사실은 단 하나, 서경

기로세련계도 1804년 고려의 정궁 터인 만월대에서 개경의 노인들이 가진 계회 잔치를 김홍도가 묘사한 그림. 개경의 만월대는 공민왕 대에 홍건적에 의해 불타버리기까지 약 500년의 역사를 함께한 고려 왕조의 상징이었다. 한국데이터베이스산업진흥원 제공.

출신의 승려였다는 것뿐입니다. 정지상의 도움으로 인종을 마주한 묘청은 아주 의미심장한 말을 던졌습니다.

"서경의 땅을 관찰하니, 큰 명당자리입니다."

묘청을 소개한 정지상은 이런 말을 더했습니다.

"개경은 기운이 쇠해 궁궐이 모두 타서 남은 것이 없지만 서경에는 왕의 기운이 있습니다."

묘청과 정지상의 주장을 풀이해 보면 개경은 땅의 기운이 쇠했지만 서경에는 왕의 기운이 남아 있고, 그 형세가 좋다는 의미였습니다.

땅의 기운이라 하면 풍수지리가 생각나지요. 풍수지리는 고려시대에도 있었는데, 이때는 주로 풍수도참설風水圖讖說이라 불렸습니다. 우리가 흔히 알고 있는 풍수지리와 예언을 믿는 사상인 도참설이 합쳐진 사상이었지요. 땅과

물의 기운에 따라 길흉화복을 점치고, 미래를 예측하는 풍수도참설은 고려 시대에 중요한 역할을 했습니다. 묘청은 이 풍수도참설을 근거로 인종에게 파격적인 제안을 하나 했습니다.

"서경에 궁궐을 세우고, 그곳으로 옮기시면 금나라가 스스로 항복할 겁니다."

묘청이 야심차게 제안한 비책은 지금의 도읍을 개경에서 서경으로 옮기는 '서경 천도'였습니다. 낯선 승려의 말 한마디로 나라의 수도를 단번에 바꾸기는 물론 불가능한 일이었지만, 인종은 묘청의 말을 그냥 흘려듣지 않았습니다. 사실 인종이 묘청의 말에 혹할 수밖에 없는 합리적인 이유가 하나 있었거든요. 고려의 시조인 왕건 때부터 대대로 전해져 내려오는 유언 때문이었지요.

943년 태조 왕건은 세상을 떠날 무렵, 후대의 고려 왕들이 나라를 잘 다스리기 위해 지켜야 할 10가지 통치 강령을 남겼습니다. 이 유언은 오늘날 '훈요10조'라는 이름으로 전해집니다. 그중 훈요5조의 내용을 한번 살펴볼까요?

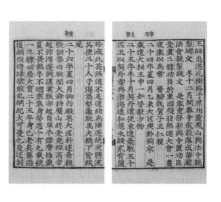

훈요10조 서울대학교 규장각한국학연구원 제공

"서경의 수덕은 순조로워 우리나라 지맥의 근본을 이루고 있어 길이 대업을 누릴 만한 곳이니, 100일이 넘도록 머물러 안녕을 이루게 하라."

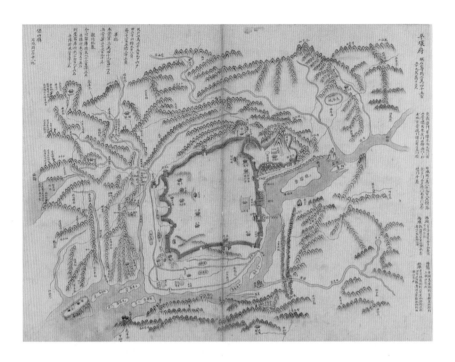

〈해동지도〉에 그려진 평양부 풍수지리에서는 산이 우뚝 솟아 있고 강이 띠처럼 감돌아 흐르는 모양새
를 중요한 요건으로 삼았는데, 평양은 북쪽으로 금수산이 펼쳐져 있고 동쪽과 남쪽으로는 대동강과 면
하여 전형적인 명당의 형세를 갖추고 있다. 서울대학교 규장각한국학연구원 제공.

서경은 대대손손 전할 만큼 좋은 곳이니 후세의 고려 왕이 서경
에 직접 머물러 고려에 태평을 이루게 하라는 말이었지요. 고려가
고구려를 계승한 나라임을 내세운 만큼 고구려의 옛 수도이기도
했던 서경을 한반도 지맥의 근본으로 여겼던 것입니다.

풍수지리 관점에서의 해석뿐만 아니라 서경은 지리적으로도 탁
월한 이점을 두루 갖춘 땅이었습니다. 고려 시대에는 개경과 함께

지방의 삼경 제도를 운영해 수도의 역할을 보완했는데, 그중 하나가 서경이었지요. 서경은 고려에서 개경 다음가는 큰 도시였습니다. 특히 서경은 북쪽과 가까워 북방 나라의 움직임을 감시하고 경계하는 중요한 역할을 맡고 있었고, 왕건 때부터 추진했던 북진 정책의 중심지이자 군사적 요충지였거든요. 이러한 이유를 종합해 본 인종은 묘청과 정지상의 말을 귀담아 듣고 우선 서경 땅을 살펴보기로 합니다.

결사반대!
개경 문벌의 제동

묘청과 정지상의 제의로 인종이 서경 땅을 둘러보기로 했지만, 인종의 서경행을 극구 반대한 인물도 있었습니다. 그의 이름은 김부식이었지요. 그런데 이 이름, 어디서 많이 들어본 이름이 아닌가요? 우리나라에 현존하는 가장 오래된 역사서 《삼국사기》를 편찬한 인물이지요. 김부식은 고려 조정에서 이자겸이 축출된 후 문벌 세력의 중심에 우뚝 서 있었습니다.

고려에서 권력을 쥐려면 어디에 있는 것이 유리할까요? 권력을 휘두르려면 고려의 중앙이라고 할 수 있는 궁궐에서 정치를 해야 했겠지요. 그 중앙 정치는 수도인 개경에서 이뤄졌습니다. 그야말

김부식 국립현대미술관 소장

로 수도 개경은 고려의 정치, 행정, 교육의 중심지였어요.

만약 인종이 수도를 옮겨 서경으로 가면 어떻게 될까요? 자연스럽게 고려의 중심은 서경이 되겠지요. 문벌 세력이 개경에서 누리던 모든 것이 서경으로 옮겨 가게 될 터였습니다. 손아귀에 움켜쥐고 있던 권력과 혜택이 모래성처럼 와르르 무너질 위기에 처한 것이지요.

이로써 고려의 조정은 두 갈래로 나뉘게 되었습니다. 수도를 옮겨선 안 된다는 개경 세력과 서경으로 수도를 옮겨야 한다는 서경 세력의 대립이 본격적으로 시작된 것이지요.

과연 인종은 어떤 결정을 내렸을까요? 1128년 음력 11월 28일, 인종은 서경을 둘러본 뒤 묘청의 의견대로 서경에 새로운 궁을 짓도록 명했습니다. 서경파의 손을 들어준 것이지요. 서경 천도를 주도한 묘청과 서경파는 인종을 앞세워 첫 삽을 뜨는 데 열을 올렸습니다. 서경 땅에 새로 궁궐이 지어지기까지 시간은 얼마나 걸렸을까요? 얼마나 열심이었던지 그 큰 궁궐을 짓는데 겨우 3개월밖에 걸리지 않았지요.

서경에 새 궁궐도 완성되었으니 고려의 수도는 바뀌었을까요? 인종은 우선 서경에 궁궐만 짓게 하고 수도는 여전히 개경에 뒀습니다. 그리고 마침내 서경의 궁이 완성되었다는 소식을 듣고 새 궁궐을 둘러보러 서경으로 향했지요. 인종이 서경에 행차하여 찬찬히 둘러보는 이때, 누군가 깜짝 놀라며 말했습니다.

"하늘에서 풍악 소리가 들렸는데 못 들으셨습니까?"

느닷없이 하늘에서 음악 소리가 들린다는 이야기였습니다. 이런 말을 한 사람은 누구였을까요? 서경 천도를 주장했던 묘청과 정지상이었습니다.

평남대동 대화궁지 평안남도 대동군의 대화궁 터. 묘청의 서경 천도 주장에 따라 인종이 짓도록 지시한 궁궐이 있던 자리다. 풍수지리에서 기운이 좋은 땅을 '대화세大華勢' 또는 '대명지大明地'라고 부르는데, 이곳에 새로 지은 궁궐의 이름을 '대화궁'이라 했다. 일제강점기 촬영. 국립중앙박물관 제공.

묘청은 승려였지만 기록에 따르면 신기한 도술을 쓰기도 했다고 합니다. 신비로운 능력을 지녔다는 묘청과 많은 이들에게 존경받는 정지상이 동시에 하늘에서 신비한 음악 소리가 들렸다고 인종에게 말한 것이지요. 묘청과 정지상은 서경에 상서로운 징조를 보라며 하루빨리 수도를 이곳으로 옮기자고 재촉했지요.

묘청과 정지상은 왜 이렇게 서경 천도에 열을 올렸을까요? 개경을 중심으로 세력을 키운 문벌과 같은 이유였습니다. 묘청과 정지상은 둘 다 서경 출신이었거든요. 개경은 문벌의 세력이 공고했기 때문에 묘청과 정지상은 새로운 터전인 서경의 권력을 잡고자 했습니다. 이제 그들이 인종에게 서경 하늘에서 음악 소리가 들린다고 말했던 이유를 알겠지요?

이러한 속셈을 개경파가 모를 리 없었겠지요. 개경의 문벌 세력은 어떻게든 서경파를 막고자 했지요. 인종과 함께 개경에서 온 관리들은 이렇게 말합니다.

"내 비록 늙었으나, 귀만큼은 어둡지 않다! 풍악 소리는 들은 적이 없다!"

하늘에서 울린 풍악 소리를 두고 서경파와 개경파가 신경전을 벌인 것이지요. 이런 상황에 인종은 어떤 자세를 취했을까요? 인종은 누구의 편도 들지 않고 모르는 체했습니다. 이로써 서경파와 개경파 모두 견제하려 했던 것 같습니다. 서경 땅은 일생일대의 기회를 노리는 서경파, 권력의 정점에 서 있는 개경파, 추락한 왕권을 일으킬 기회를 엿보는 인종이 고려의 패권을 두고 삼파전을 벌이는 전쟁터를 방불케 했지요.

위기를 기회로 뒤바꾼
묘청의 기지

서경에서 벌어진 궁궐 사건은 개경파와 서경파의 대립이 수면 위로 떠오른 사건이었습니다. 묘청은 서경에 새로운 궁궐을 지으라는 인종의 명령을 얻어내기 전부터 이미 차근차근 서경 천도를 준비하고 있었습니다. 그것도 자신의 신묘한 능력을 이용해서였지요.

김부식과 묘청의 본격적인 대립이 발발하기 2년 전인 1127년, 인종은 이미 서경에 자주 거둥하고 있었습니다. 그리고 서경에서 인종은 물론, 고려 전체에 커다란 기쁨을 주는 경사를 맞이하지요. 인종의 후계자이자 첫아들이 태어난 것입니다. 서경 땅에 좋은 기운이 있다는 묘청의 말이 맞아떨어진 겁니다.

왕건은 후대의 왕에게 서경에서 100일간 지내라고 했지만 인종은 무려 200일 가까이 서경에 머물렀습니다. 이를 지켜본 서경파의 마음은 어땠을까요? 조금만 더 공을 들이면 인조로부터 서경 천도 허락을 받아낼 수 있을 것이라 생각하며 마음이 부풀었을 테지요. 그런데 이내 서경파의 희망이 산산조각 나는 사건이 발생하고 말았습니다.

"저녁이 되자 진눈깨비가 내리고 추위가 더욱 심하여 사람과 말과 낙타가 많이 죽었다."

《고려사》 127권, 열전 반역 묘청

인종이 개경에서 다시 서경으로 향하려던 참이었습니다. 맑았던 하늘이 갑자기 캄캄해지더니 비바람이 불고 이내 진눈깨비까지 내리기 시작한 것입니다. 어찌나 날씨가 궂었던지, 인종은 진흙탕에 고꾸라지고 나무와 돌에 온몸이 부딪히기까지 했지요. 더군다나 이 난리 통에 최악의 상황까지 벌어집니다. 갑작스러운 돌풍 속에서 인종이 행방불명된 것이었습니다. 한 치 앞도 보이지 않는 진눈깨비 속에서 인종이 말을 탄 채로 길을 잃었고 행차 중 왕을 잃어버린 신하들은 황망해하며 인종을 찾아다녔지요. 신하들은 휘몰아치는 진눈깨비 속에서 엉엉 울다가 겨우겨우 인종을 찾아냈습니다

서경으로 가는 길에 이토록 불미스러운 일이 생기다니요! 개경파는 이 절호의 기회를 놓치지 않고 묘청을 탓하기 시작했습니다. 서경 천도가 수포로 돌아갈지도 모를 상황, 묘청은 어떻게 대처했을까요?

"임금께서 행차하실 것이니 비바람을 일으키지 말라"라고 하여 이미 허락을 받았는데 약속한 말을 지키지 않다니 매우 가증스럽구나.

《고려사》127권, 열전 반역 묘청

묘청이 이 상황을 신의 탓으로 돌리며 도리어 화를 내는 것이 아니겠어요? 즉 묘청이 비와 바람의 신에게 왕의 서경 행차를 미리 알려서 비바람을 일으키지 않기로 자신과 약속했는데, 신들이 그 약속을 지키지 않았다는 것입니다. 자신과의 약속을 지키지 않는 신에게 가증스럽다며 화까지 냈지요.

지금 생각하면 헛웃음이 나오는 말일 수 있겠지만, 당시는 지금처럼 과학이 발달한 시대가 아니었지요. 사람의 힘으로 어찌 할 수 없는 천재지변이 일어나면 그때의 사람들은 종교를 통해 믿음으로 어려움을 극복하고자 했습니다. 게다가 묘청은 고려의 뛰어난 승려로도 알려져 있으니 사람들은 그의 말을 믿을 수밖에 없었겠지요.

서경의 땅과 하늘에 펼쳐진 기이한 현상

서경파는 묘청의 대범한 기지로 위기를 모면했지만 불길한 일이 연이어 일어나자 내심 불안할 수밖에 없었습니다. 언제라도 인종의 마음이 돌아설 수도 있기 때문이었지요. 그런데 서경파가 노심초사하는 이때에 이 모든 위기를 뒤집을 엄청난 반전이 일어납니다. 고려 전체를 깜짝 놀라게 하고 인종의 마음도 확 사로잡을 마법 같은 일이었지요. 서경을 휘둘러 흐르는 대동강 위로 오색찬란한 빛깔이 넓게 퍼져 영롱하게 빛나는 게 아니겠어요? 많은 이들이 햇빛을 받아 반짝반짝 빛나는 아름다운 대동강의 모습에 감탄을 그치지 못했습니다.

> "대동강에 서기瑞氣가 있으니 이는 신령한 용이 침을 토한 것으로 천년에 한번 보기도 어렵습니다."
>
> 《고려사》 127권, 열전 반역 묘청

묘청은 서경을 방문해 이 모습을 본 인종에게 "신룡이 침을 토해 오색구름을 만들었으니 좋은 징조입니다"라고 말했지요. 이 영롱한 빛이 바로 신룡이 침을 토한 흔적이라는 주장이었습니다.

용은 고대부터 환상 속의 영물로 전해 내려오는 존재이기도 하지만 고려 시대에는 고려의 왕을 용의 후손, 즉 용손龍孫이라 여겼기 때문에 더욱 특별한 존재였습니다. 그런 용이 다른 곳도 아니고 서경의 대동강에 침을 뱉었다는 것은 큰 의미가 있었지요.

서경에서 벌어지는 기이한 현상은 이게 끝이 아니었습니다. 민을 수 없는 일이 연이어 발생한 것이지요. 서경 하늘에서는 절대 볼 수 없는 별, 남극성이 뜬 것이었습니다. 남극성은 하늘에서 두 번째로 밝은 별이지만, 북극성과 달리 고정되지 않아 북쪽 지방에서는 보기 어렵고 우리나라에서는 남해안에서나 겨우 볼 수 있는 별입니다. 그런 귀하디귀한 별이 서경에서 또렷하게 보였다는 건 신기하고 좋은 일이 아니겠어요? 상서롭고 신비한 일이 서경에 계속 일어나자 묘청은 이때를 틈타 인종에게 서경 천도를 서둘러야 한다고 재촉했습니다.

이 신비로운 일들은 대체 어떻게 일어났을까요? 정말로 묘청이 서경에서 용의 흔적과 남극성을 발견했던 걸까요? 개경파는 이러한 묘청의 주장을 도무지 믿을 수가 없었습니다. 분명 이 사건에 속임수가 있다고 생각했지요. 개경파가 의심을 거두지 않고 묘청과 서경파를 견제하던 그때, 또다시 판도는 뒤집어졌습니다.

> "묘청과 백수한 등이 일찍이 몰래 큰 떡을 만들어 그 속에 구멍을 뚫고 숙유熟油를 넣어 대동강에 가라앉혀두니 기름이 조금씩 새어 수면에 떠올랐는데 멀리서 보면 오색과 같았다."
>
> 《고려사》 127권, 열전 반역 묘청

'숙유'는 오래된 기름을 말합니다. 그러니까 묘청이 신룡의 침이라 주장했던 아름다운 오색 빛의 정체가 떡에서 새어 나온 기름인 것입니다! 물과 기름은 서로 섞이지 않으니 떡에서 샌 기름이 대동강 표면에 떠올라 햇빛에 반짝였던 것이지요. 묘청이 이를 신룡이 침을 뱉은 거라며 만천하를 속였던 것이었습니다.

사건의 진상을 파헤친 건 묘청의 행동에 의심을 거두지 않았던 개경파였습니다. 그들은 말과 말 타는 이를 보호해 주는 기구인 말다래에 기름칠하는 장인으로부터 "숙유가 물에 뜨면 기이한 빛이 납니다"라는 말을 들었던 거예요. 이 말을 들은 개경파는 옳다구나 하고 오색 빛깔의 비밀을 본격적으로 파헤치기 시작했지요. 개경파는 잠수부까지 고용해 대동강 바닥을 샅샅이 수색했습니다. 그리고 잠시 후 밖으로 나온 잠수부의 손에는 모두가 깜짝 놀랄 만한 사건의 전말이 들려 있었지요. 바로 묘청이 가라앉힌 엄청나게 커다란 떡이었습니다. 묘청과 서경파가 벌인 자작극이 수면 위로 드러난 순간이었지요.

그렇다면 서경에 뜬 남극성은 어떻게 된 걸까요? 아무리 묘청이라도 하늘의 별을 만들어 띄울 수는 없지 않겠어요? 충격적이게도 이 역시 묘청의 기가 막힌 꼼수가 숨어 있었습니다.

> "임금이 새 궁궐로 행차하자 이에 그 남쪽 바위굴에 등을 밝혀 놓으면서, 수성水星이 상서로움을 바쳐 새 대궐을 만든 왕의 뜻을 축하하는 것이라고 하였다."
>
> 〈문공유 묘지명〉

산조차 보이지 않는 깜깜한 밤에 서경 남쪽 산 표면에 있는 바위 굴 안에 등을 환히 밝혀놓고 이를 수성, 즉 남극성이라 속였던 것이었지요. 신비한 용의 침은 떡 속의 기름! 서경에 뜬 남극성은 산 속의 등불! 서경에서 일어난 신비로운 일들이 모두 묘청의 자작극이었다는 사실이 낱낱이 까발려지고 말았지요. 왕의 서경 행차마다 좋지 않은 일이 벌어지고 서경 천도에는 도무지 진전이 없으니 불안해진 묘청과 서경파가 서경이 좋은 땅이란 걸 알리고, 주목할 수 있도록 이런 황당한 일까지 벌였던 것입니다.

극에 달한
개경파의 반발

묘청의 사기극이 모두 드러난 마당에 개경파가 가만히 두고만 있었을까요? 개경파는 어떻게든 인종으로부터 묘청을 떼어내야 한다는 생각에 강력한 처벌을 주장했습니다.

"묘청 일파를 저잣거리에서 처형해 재앙의 싹을 없애십시오!"

묘청과 서경파를 당장 공개 처형하자는 것이었지요. 개경파의 요구를 들은 인종, 어떻게 답변했을까요? 어찌된 일인지 인종은 개경파의 강력한 주장에도 묵묵부답일 뿐, 어떠한 대답도 하지 않습니다. 묘청과 서경파의 자작극이 드러났음에도 인종은 여전히 묘청과 서경파를 믿고 의지하고 있었던 거예요.

인종은 왜 이렇게까지 묘청과 서경파를 굳게 믿었던 걸까요? 인종에게도 나름대로 생각이 있었습니다. 인종은 왕권 강화의 꿈을 품고 있었잖아요. 개경파를 견제하기 위해서라도 묘청과 서경파에게 힘을 실어주어야 했던 것입니다.

여전히 자신과 서경파를 지지하는 인종의 모습에 안도의 한숨을 쉰 묘청은 재빨리 위기를 모면할 작전을 준비하기 시작했습니다. 개경으로 떠났던 인종을 다시금 서경에 불러들이려는 것이었지요.

묘청이 야심차게 인종을 불렀지만 인종은 서경으로 올 기미조차 보이지 않았습니다. 개경에서는 대체 무슨 일이 벌어지고 있던 걸까요? 김부식을 비롯한 개경파가 인종의 서경 행차를 막아섰던 것입니다. 애타게 왕을 기다리던 묘청과 서경파는 이대로 서경 천도가 물거품이 되는 건 아닌지 매우 불안했겠지요.

인종의 서경 행차가 간절한 상황, 묘청은 뾰족한 수를 떠올렸습니다. 인종이 서경에 올 수 없다면 대신 '이것'이라도 보내달라고 부탁한 것이지요. 그것은 인종이 입고 있던 옷인 용포였습니다. 묘청은 왕의 옷으로 서경에 왕의 기운을 불어넣으려 했던 것이었어요. 왕의 용포는 국왕의 권위를 상징하지요. 묘청은 이 상징적인 물건을 통해서라도 서경 천도의 뜻을 계속해서 내비치려 했던 것입니다.

인종은 묘청의 부탁을 듣고 바로 옷을 보내줍니다. 서경에 직접 찾아가진 못했지만, 옷을 보내며 인종 역시 여전히 서경파를 지지하고 있다는 뜻을 내비친 것이지요. 그렇다면 왕의 서경 행차까지 막아선 개경파의 상황은 어땠을까요? 개경파는 묘청과 서경파를 겨냥해 거듭 신랄한 상소를 올렸습니다.

> "묘청과 백수한은 모두 요사스러운 사람들입니다. 그 말이 괴이하고 허탄하니 믿을 수가 없습니다. 근신 김안·정지상·이중부, 환자 유개가 그와 맺어 심복이 되어 여러 차례 서로 천거하고 그를 가리켜 성인이라 일컬었습니다. 또한 대신도 그를 따르고 믿고 있습니다. 이런 까닭에 주상께서 의심하지 않으십니다. 정직한 사람들과 곧은 선비들은 모두 그를 미워하며 원수로 여깁니다. 원컨대 속히 배척하고 멀리하십시오."
>
> 《고려사절요》 10권, 인종 11년(1133) 11월

왕에게 묘청과 그의 무리가 이상한 말만 일삼으니, 그들을 믿을 수 없다며 배척하고 멀리하라 청한 말이었습니다. 이렇게까지 개경파의 반발이 극심한 가운데, 만약 인종이 상소를 무시하고 묘청과 서경파의 편에 대놓고 서게 되면 어떻게 될까요? 왕으로서 권위가 떨어지는 건 물론이고, 신하들은 자신의 말을 귀담아 듣지 않는 인종을 따르지 않게 되겠지요.

하지만 인종은 신하들의 상소를 모조리 무시해 버립니다. 오히려 묘청에게 삼중대통 지누각원사三重大統 知漏刻院事라는 벼슬까지 내렸지요. 인종이 또 한 번 묘청을 믿어주고 서경파의 손을 들어준 것입니다.

고려를 뒤덮은 자연재해
물거품이 된 서경 천도

개경파와 서경파의 극심한 대립이 이어지는 가운데 1134년 음력 2월, 개경파의 빗발치는 상소에도 불구하고 2년 만에 다시금 인종의 서경 행차가 진행되었습니다. 정말 오랜만에, 그것도 우여곡절 끝에 시행된 왕의 행차였으니 서경파는 기쁨에 겨웠겠지요.

서경에 도착한 인종은 대동강에 배를 띄우고 여러 신하들과 잔치를 벌였습니다. 그런데 이 뱃놀이, 과연 무사히 끝났을까요? 즐길 일만 남았을 거라 생각한 잔치는 이내 아수라장으로 변했습니다. 갑자기 잠잠하던 강 위로 매서운 폭풍이 휘몰아쳤기 때문입니다. 배 위에 친 장막은 바람에 이리저리 휘날리고, 잔칫상에 차려진 음식은 엎어져 버렸지요.

불길한 일이 일어나자 결국 인종은 서경에서 보름 정도만 짧게 머문 뒤, 개경으로 돌아가 버렸지요. 그런데 기이한 일은 서경뿐만 아니라 고려 전체에 연달아 일어납니다. 완연한 봄기운이 가득해야 할 음력 3월과 4월에 눈과 서리가 내리는 게 아니겠습니까. 덩달아 커다란 유성이 개경과 서경 땅에 떨어졌고 심지어 벼락을 맞아 죽는 사람까지 나타났습니다. 온갖 자연재해가 고려를 덮쳐버린 것이었지요.

> "한 달이 넘도록 비가 내리지 않아 메마른 땅이 천 리나 되니 백성들은 삶을 잇지 못하고 굶어 죽는 자들은 서로를 베개로 베고 누웠습니다."
>
> 《고려사》 16권, 인종 12년(1134) 5월 19일

김부식을 비롯한 개경파는 이 상황을 그냥 두고 볼 수 없었겠지요. 그들은 전보다 더 강력하게 상소를 올렸습니다.

> "이번 여름에 건룡전에 천둥과 벼락이 떨어졌으니 이는 길조가 아닌데 벼락 친 그곳에서 재앙을 피한다는 것은 또한 잘못된 것이 아니겠습니까."
>
> 《고려사절요》 10권, 인종 12년(1134) 9월

건룡전은 서경에 지었던 궁궐의 정전으로, 인종이 서경에 행차할 때마다 머물던 곳이었습니다. 근데 이곳에 무려 30번 넘게 벼락

이 치는 기이한 일이 발생한 거예요. 서경으로 수도를 옮기자는 세력들의 주장이 무엇이었지요? 서경에 좋은 기운이 있으니까 옮겨야 한다는 것이었잖아요. 그런데 좋은 기운은커녕 벼락만 30번 넘게 떨어지니 개경파는 인종이 건룡전에 가는 건 말도 안 된다며 만류했습니다. 김부식을 비롯한 개경파가 인종의 서경행에 정곡을 찌르며 문제 제기를 한 것이지요. 이번에 인종은 과연 어떤 선택을 했을까요?

"짐은 서경으로 가지 않겠다."

결국 인종은 서경에 가지 않겠다고 선언하고 말았습니다. 계속된 자연재해 그리고 점점 강해지는 개경파와 김부식의 반대에 백기를 든 것이지요. 이쯤 되면 인종이 서경 천도를 포기했다고 보아도 무방합니다. 개경파와 서경파 사이에서 왕권을 강화하려고 노력했지만 실패하고 만 것이지요. 이렇게 인종은 개경파의 압력에 굴복하고 말았습니다.

최후의 몸부림
묘청의 난

묘청과 서경파는 그야말로 최악의 상황을 맞닥뜨렸습니다. 더 이상 서경으로 오지 않겠다는 인종의 선언을 들은 것이지요. 이대로라면 서경 천도는 완전히 물거품이 될 상황, 과연 묘청은 이대로 포기했을까요?

1135년 음력 1월 4일, 충격적인 소식이 개경에 날아왔습니다. 누군가 군사를 모아 난을 일으켰다는 것이지요. 서경에서 일어난 묘청의 난이었습니다. 인종이 서경에 오지 않겠다고 하자 궁지에 몰린 묘청이 전세 역전을 위한 최후의 수단으로 난을 일으켰던 것입니다. 묘청은 왕의 측근이자 명망 있는 승려였다고 했지요. 묘청이 난을 일으키자 서경뿐만 아니라 주변 지역 백성들까지 가담해 반란군의 규모는 점차 늘어났습니다.

묘청은 서경을 중심으로 군을 정비하고 서경과 개경 사이의 길목을 차단했습니다. 본격적으로 전투를 준비한 것이지요. 그리고 서경에서 더 큰 일을 도모했습니다. '도를 행하는 이상적인 나라'의 뜻을 담은 대위大爲라는 나라를 독단적으로 세운 것이지요. 묘청은 이어서 나라의 연호도 내립니다. 하늘이 열린다는 뜻을 담아 '천개天開'라 지었지요.

그런데 묘청이 세운 나라 대위에는 기존의 나라와 달리 특이한 부분이 하나 있었어요. 바로 나라를 다스릴 왕이 없었다는 것입니다. 새 나라를 세우긴 했지만 묘청은 왕의 자리를 비워두었지요. 비록 난을 일으켰지만 그는 고려라는 나라를 완전히 뒤엎을 생각은 아니었던 것입니다. 묘청은 인종이 서경으로 와서 새 나라를 이끌어주길 바라는 마음에 왕의 자리를 비워둔 것이었습니다. 이를 통해 묘청이 일으킨 반란은 왕을 교체하기 위한 역모가 아니라, 서경 천도를 실현시키기 위한 정치적 행동이었다고 볼 수 있지요. 결국 묘청이 난을 일으킨 이유는 인종의 마음을 돌리기 위해서였습니다.

묘청은 개경에 있는 인종에게 이러한 내용을 담은 편지를 보냈습니다.

> "군중의 분노는 막기 어려우니 거가車駕가 만약 이곳에 임한다면 병란은 그칠 것입니다."
>
> 《고려사절요》 10권, 인종 13년(1135) 1월 9일

임금이 탄 수레를 뜻하는 거가가 서경에 당도한다면 무기를 내려놓겠다는 묘청의 굳은 의지가 담긴 내용이었습니다. 즉 인종이 서경으로 와야만 이 난을 멈출 수 있다는 겁니다. 인종의 입장에서 이는 협박이나 다름없었지요. 고려 조정은 묘청이 보낸 편지로 인해 그야말로 난리가 났습니다. 어떻게 왕에게 이런 편지를 보낼 수 있냐며 격분했지요. 개경파는 편지를 가져온 심부름꾼부터 당장 죽이자며 분노했습니다.

이런 신하들의 반응에 인종은 어떤 선택을 내렸을까요? 인종은 개경파가 깜짝 놀랄 행동을 했습니다. 묘청의 편지를 가져온 심부름꾼에게 술과 음식을 대접하고 선물과 벼슬까지 내리며 서경으

로 잘 돌려보낸 것이지요.

인종은 반란까지 일으키며 새 나라를 세운 묘청을 여전히 믿고 있던 것일까요? 아닙니다, 인종은 갑작스러운 전쟁의 위기를 피하고자 했던 것으로 보여요. 한편으로는 시간을 벌어서 혹시나 있을 상황을 대비하려 했던 목적도 있었던 것 같습니다. 묘청과 서경파를 자극하지 않고 난을 잠재워 그들과 부딪히지 않으려 했던 인종의 속내를 엿볼 수 있지요.

그런데 묘청이 개경으로 편지를 보낸 지 얼마 되지 않아, 개경에서는 참혹한 일이 벌어지고 말았습니다. 개경에 남아 있던 서경파의 목이 잘린 것입니다. 개경파에 의해 죽임 당한 인물은 묘청을 인종에게 소개했던 문신 정지상이었지요. 정지상을 처형한 인물은 다름 아닌 김부식이었습니다. 그것도 무려 왕명을 사칭해 정지상을 궁궐로 불러낸 뒤 처단한 것이었지요.

왕명을 사칭하고 왕의 신하까지 제멋대로 죽인 김부식은 이 사실을 당당하게 밝혔지만 인종은 그에게 아무런 말도 하지 못했습니다. 기세등등한 김부식과 개경파를 도무지 제어할 수 없었던 거예요. 인종이 서경에 세력을 키우려다 도리어 실패한 탓에 고려에서 개경파의 기세는 더욱 치솟았습니다. 결국 인종은 개경파에게 떠밀려 김부식을 필두로 묘청의 난을 진압하라는 명령을 내릴 수밖에 없었지요.

실패한 서경천도운동
개경파가 뿌린 피의 씨앗

김부식을 앞세운 개경의 정예군이 서경을 향해 진군하기 시작했습니다. 개경파와 서경파가 제대로 맞붙게 될 순간이 다가오고 있었지요. 그런데 개경군이 서경으로 향하던 중 이상한 일이 벌어집니다. 서경에 지지를 보내던 주변 지역의 백성들이 갑자기 묘청을 배신하고 개경파의 편에 서서 묘청의 군대와 싸우기 시작한 것이지요. 그 이유는 전쟁이 시작되기 직전에 서경 주변 지역에 이런 내용의 편지가 도착했기 때문이었습니다.

"이미 개경에서 많은 군사가 출발했으니, 항복하는 자는 목숨을 보전할 것이요. 그렇지 않으면 죽이리라."

맞서 싸우지 않고 항복하면 목숨만은 살려준다는 말이었지요. 이 편지를 서경 주변 지역에 뿌린 인물은 누구였을까요? 바로 김부식이었습니다. 편지는 효과가 있었습니다. 얼마 후, 묘청의 세력은 하나둘 백기를 들고 김부식을 찾아오기 시작했거든요. 편지로 서경 주변 세력부터 포섭한 김부식의 계책이 제대로 먹혀든 것이었습니다. 결국 김부식은 큰 전투 없이 서경에 입성하기도 전에 묘청의 세력 대부분을 무너뜨렸지요.

김부식의 활약으로 우위를 차지한 개경군은 기세를 몰아 서경군을 완전히 진압하고자 했습니다. 팽팽한 대치가 계속되던 그때,

개경에 있던 인종에게 뜻밖의 손님이 찾아왔습니다. 인종을 찾아온 건 놀랍게도 묘청과 함께 난을 일으킨 서경의 백성들이었어요. 이들은 인종에게 무언가를 바친다며 쓱 내밀었지요. 인종은 그들의 손에 있던 것을 보고 깜짝 놀랐습니다. 그들의 손에 목숨이 끊어져 싸늘한 주검이 된 묘청의 머리가 들려 있던 것입니다.

이 일의 배후에도 역시나 개경파 김부식이 있었습니다. 김부식이 보낸 편지가 묘청을 가까이에서 돕던 최측근의 마음마저 흔든 것이지요. 김부식의 회유와 협박에 고민하던 서경의 백성들이 목숨을 보전하기 위해 선택할 수 있는 방법은 단 하나였습니다. 그들 손으로 묘청을 처단하는 것이었지요.

반란을 일으킨 지 불과 17일 만에 묘청은 믿었던 서경 백성들의 배신으로 죽음을 맞이했습니다. 그렇게 바쳐진 묘청의 머리는 모두가 볼 수 있는 저잣거리에 걸렸지요. 신묘한 능력이 있다며 인종의 신망을 얻었던 묘청은 요사스러운 방법으로 서경 천도의 야망을 펼쳤지만 결국 실패하고 비참한 최후를 맞이하고 말았습니다.

묘청의 난을 제압하는 데 앞장섰던 김부식은 어땠을까요? 그는 재상 중의 으뜸인 문하시중에 올랐습니다. 국정을 총괄하고 인사권을 장악했지요. 그야말로 고려는 김부식의 세상이 되었습니다. 묘청의 난 이후 김부식을 필두로 한 개경파는 똘똘 뭉쳐 더욱 강한 권력을 손에 쥐었습니다. 당연히 추락한 고려의 왕권은 회복되지 않았지요.

고려 인조대왕 시책 인종이 죽은 뒤 그의 아들 의종이 인종에게 시호를 올리며 새긴 시책으로, 인종의 무덤에서 출토되었다. 묘청의 난을 진압했던 생전의 업적 등이 새겨져 있다. 국립중앙박물관.

묘청이 일으킨 서경천도운동은 고려 문벌 사회의 모순을 드러내는 신호였을지도 모릅니다. 하지만 서경파는 권력을 휘두르는 문벌 세력을 치고 새 세상으로 뒤집어보려다 오히려 문벌들의 힘을 키워주고 말았지요. 위기를 넘긴 개경의 문벌 세력은 다시 권력을 독점하는 데에 급급했습니다. 높은 문관직을 꿰차고 그들끼리 권력을 나누어 가졌지요. 이 과정에서 무신에 대한 차별은 더욱 심해졌습니다. 결국 문벌들의 전횡으로 고려 역사의 분기점이 되는 어마어마한 사건이 터지고 맙니다. 1170년, 차별과 멸시에 참다 못한 무신들이 정변을 일으킨 것이지요. 고려 역사의 한 획을 그은

'무신정변武臣政變'이 발발한 것입니다. 고려 궁궐을 피로 물들이며 권력을 잡은 무신들은 이후 100년 동안 무신정권의 시대를 열었습니다. 문벌 세력은 다시는 빛을 보지 못했지요.

역사 속 위험 신호는 이렇게 다가옵니다. 그러나 눈앞의 권력을 틀어쥐고 이것을 놓지 않으려는 마음이 급급하면 그 속에서 곪아 가는 상처를 보지 못하겠지요. 만약 문벌 세력이 묘청과 서경파의 천도 운동을 폭주하는 기관차를 멈추게 만들 제동으로 받아들였다면 어땠을까요? 때때로 내 손에 쥔 것들을 헤아리며 나를 되돌아보는 태도를 기르는 것, 우리가 역사를 배워야 하는 이유는 여기에 있겠지요.

2부

고려 후기: 원의 내정 간섭과
운명을 건 개혁의 불꽃

5장

벌거벗은
원나라 황후

이명미(경북대학교 사학과 교수)

고려 여인 기황후는 어떻게
무소불위의 권력을 얻었나

조선이 임진왜란을 기준으로 조선 전기와 조선 후기로 나뉘는 것처럼, 고려에도 전기와 후기를 구분하는 기준이 되는 사건이 있습니다. 1170년에 일어난 무신들의 난, 무신정변이지요. 난이 성공함으로써 약 100년간 무신 집정자가 독재적 권력을 행사하는 무신정권의 시대가 열렸지요.

권력을 잡기는 했지만 초기에는 혼란이 많았습니다. 주동자 세력 간에도 탐욕과 배신이 난무해 정권의 최고 권력자가 자주 바뀌었지요. 약 30년이 지나 최충헌이 권력을 장악하면서 권력 다툼이 마무리되었고 60여 년간 최씨 무신정권이 시작됐습니다. 하지만 이 정권도 순탄하지는 않았습니다. 고려 역사 내내 반복되어온 문제, 외세의 침략이 시작되었거든요. 몽골군이 쳐들어온 것입니다.

고려는 1231년부터 1259년까지 수차례 몽골의 침입을 겪었습니다. 당시 몽골은 여러 부족을 통일하며 엄청난 속도로 세력을 키웠고, 세계 대제국을 건설해 나가고 있었지요. 유라시아 대륙의 상당 부분이 몽골군의 말발굽에 짓밟혔습니다. 고려도 마찬가지였습니다. 약 30년간 이어진 전쟁에 고려 전역은 쑥대밭이 되었고, 고려 정부는 강화도로 수도를 천도하기까지 했지요. 하지만 길어지는 침략에 언제까지 항전할 수는 없었습니다. 결국 약 30년간의 항전을 마무리하고 고려는 몽골과 강화를 맺었습니다.

고려와 강화를 맺은 몽골은 대원大元, 즉 원나라로 국호를 바꾸었지요. 이때부터 고려의 정치는 원나라의 영향을 강하게 받게 되었습니다. 더불어 고려 국왕들이 원나라 공주와 혼인함으로써 고려는 원 황실의 부마국, 즉 사위의 나라가 되었지요. 이 시기 고려의 역사를 원 간섭기라고 부릅니다.

고려는 매년 엄청난 공물을 원나라에 바쳤는데, 충격적인 사실은 이 공물 중에는 사람도 끼어 있었다는 겁니다. 원나라에 공물로 바쳐진 여자들을 가리켜 '바칠 공貢'에 '계집 녀女'를 써서 '공녀'라고 부릅니다. 역사서에 기록된 공녀 선발만 해도 무려 50여 차례나 발견되지요.

그런데 원나라에 간 한 고려 여인 때문에 두 나라가 발칵 뒤집히는 사건이 벌어집니다. 때는 1340년, 대륙을 호령하던 원나라 황

몽골 기병 몽골의 유목민을 통일하여 초대 대칸이 된 칭기즈칸은 뛰어난 기동력을 자랑하는 기마부대를 바탕으로 다수의 정복 전쟁을 승리로 이끌어나갔다. 고삐를 놓고 양손으로 사냥하는 몽골 기병 그림에서 말과 한 몸이 되어 전투에 임했을 그들의 모습을 엿볼 수 있다. 미국 프린스턴대학교 미술관 소장.

제가 성대한 결혼식을 올리던 날이었지요. 그 황제의 곁에 선 원나라의 황후는 누구였을까요? 무려 고려에서 온 여인이었습니다. 원황실에서 일하던 고려 출신의 궁녀가 원나라 황후의 자리까지 오른 것이었지요. 이 입지전적인 기막힌 스토리를 가진 여인을 기씨성을 가졌다 하여 기황후라고 부릅니다.

어떻게 고려 여인이 원나라에서 황후의 자리까지 오르게 되었을까요? 기황후는 두 나라 사이에서 대체 무슨 일을 벌인 걸까요?

원나라판 신데렐라 이야기의 주인공 기황후. 그녀를 둘러싼 뒷이야기를 지금부터 벌거벗겨 보겠습니다.

고려 여인 기씨가
원나라로 떠난 사연

기황후는 궁녀 출신에서 원나라 황실의 정점인 황후까지 오른 그야말로 믿기 힘든 행적을 보여준 인물입니다. 그렇다면 원나라 역사서에서는 기씨의 모습을 어떻게 기록하고 있는지 궁금하지 않으신가요? 원나라 역사에서 기씨에 대한 기록이 처음 등장하는 부분을 확인해 보겠습니다.

> "처음에 휘정원사徽政院使 독만질아가 그를 바쳐서 궁녀로 삼았다."
>
> 《원사》 114권, 열전 1 순제 후비 완자홀도 황후 기씨

독만질아는 원나라 황실의 환관으로 일했던 인물이었습니다. 기록에서는 독만질아라는 인물이 기씨를 원나라 황실의 궁녀로 데려왔다고 말하고 있지요. 아마 기씨는 고려에서 선발되어 원나라로 바쳐진 사람 중 한 명이 아니었을까 추측합니다. 바로 앞서 살펴본 공녀지요.

사실 기황후를 공녀라고 명확하게 말하는 기록은 없습니다. 하지만 그녀가 황후가 되기 전에 궁녀로 생활했다는 기록을 통해 정황상 공녀로 보내진 걸로 추측하고 있지요. 고려의 공녀는 대부분 황실의 궁녀로 살아갔기 때문입니다. 원나라의 입장에서도 기씨가 황후가 된 인물이니 굳이 공녀였다는 사실은 기록하지 않은 것으로 보입니다.

기황후 행주기씨대종중 소장

그렇다면 기씨를 궁녀로 바쳤다는 독만질아는 누구일까요? 원나라 황실의 환관이라고 했던 독만질아 역시 기씨와 같은 고려 출신이었습니다. 당시 고려 출신 환관은 원나라의 영입 대상 1순위였습니다. 일을 너무 잘했기 때문이지요. 어찌나 일을 잘했던지, 원나라에서는 이들에게 일반적인 시중을 드는 업무 외에도 황실의 재정을 관리하는 막중한 임무까지 맡길 정도였습니다.

그중에서도 독만질아는 황태후의 재산을 돌보는 휘정원이란 기관에서 재정을 책임지고 관리하는 휘정원사라는 높은 자리에 올라가 있었습니다. 원나라의 신임을 바탕으로 강력한 힘을 가졌던 환관 독만질아는 또 하나의 막강한 권한도 갖고 있었습니다. 황궁 곳곳에 적절한 인물을 선별해 배치하는 인사 배치권이었지요. 이러한 독만질아의 눈에 들어온 인물이 기씨였습니다.

"차 심부름을 담당하며 순제를 섬겼다."

《원사》 114권, 열전 1 순제 후비 완자홀도 황후 기씨

독만질아에게 발탁된 기씨는 처음에는 차 심부름을 하며 원나
라 황제를 섬겼습니다. 위 기록에서 순제는 원나라 제14대 황제 혜
종을 말하는데, 이는 원나라 역사서인 《원사》가 명나라 때 편찬되
어 명나라식 이름으로 기록했기 때문입니다. 정리하자면 기씨는
원나라 황제 혜종 곁에서 차 심부름을 하는 궁녀가 되었던 것이지
요. 이때 두 사람의 나이는 14세에서 17세 사이였을 것으로 추정
합니다. 그런데 차를 따라주는 궁녀 기씨를 보는 원 혜종의 눈빛이
미묘하게 달라지기 시작합니다. 일개 궁녀에게 마음이 움직이기
시작한 것입니다. 원나라 황제의 마음을 사로잡은 기씨의 매력은
무엇이었을까요?

"살구 같은 눈, 복숭앗빛 뺨, 버드나무 같은 가는 허리."

장욱, 〈원궁사〉

원나라 궁정의 비사秘事를 노래한 시 〈원궁사〉에 따르면 기씨의
외모가 아주 출중했던 것으로 보입니다. 하지만 기씨의 매력은 외
모뿐만이 아니었습니다. 기씨에게는 황제가 푹 빠질 수밖에 없었

던 또 다른 매력이 있었지요.

원 혜종은 대화를 나눌수록 외모만 출중한 줄 알았던 궁녀가 성품도 훌륭하고 똑똑하다는 걸 알게 되었습니다. 황궁에서 만난 풋풋한 청춘 남녀는 자연스럽게 애틋한 마음을 키워간 것이지요.

궁녀 기씨를 괴롭히는 황후 타나시리

고려에서 온 일개 궁녀와 원나라 황제가 사랑에 빠진 상황! 최고의 자리에 있는 황제의 눈에 들었으니 기씨의 앞날에 꽃길이 펼쳐졌을까요? 아니었습니다. 오히려 기씨가 황제의 눈에 든 이후 원나라 황실 내명부가 시끌벅적해졌지요. 어느 날 원 혜종의 황후 타나시리가 기씨를 매질하는 사건이 벌어진 것입니다. 원 혜종에게는 이미 황후가 있었던 거예요. 타나시리는 말 그대로 원나라 황실 내명부의 최정점에 있는 여인이었지요. 그런 황후인 자기를 제쳐두고 황제가 고려에서 온 궁녀에게 사랑을 쏟자 질투에 눈이 멀었던 것입니다.

"황제가 기씨를 총애하는 것을 보고 밤낮으로 때렸는데 (…) 어느 날 밤, 그녀의 몸을 불로 지지기도 했다."

권형, 《경신외사》

타나시리가 궁녀 기씨를 끔찍한 방법으로 괴롭히는데도 원 혜종은 어찌할 바를 몰랐습니다. 그 이유는 황후 타나시리의 출신 때문이었지요. 그녀는 황제조차 눈치를 볼 수밖에 없는 권세 있는 가문의 딸이었습니다. 타나시리의 아버지인 엘테무르는 제 입맛대로 황제를 갈아치울 정도로 원나라를 쥐락펴락하는 인물이었지요. 원 혜종이 황제의 자리에 올랐을 때는 엘테무르가 이미 죽고 없었지만 여전히 타나시리의 오빠들과 엘테무르의 측근들이 황실 요직을 차지하고 있던 상황이었습니다. 이렇게 권력이 기울어진 상황에 혜종이 타나시리에게 벌을 줄 수 있었을까요? 황실 곳곳에 타나시리의 측근이 깊게 뿌리를 내리고 있으니, 궁녀 기씨를 돕고 싶었어도 함부로 나설 수 없었습니다.

황제의 총애를 받으면서 궁녀의 신분에서 벗어나 탄탄대로를 걸을 줄 알았던 기씨는 자신의 처지가 서럽고 억울하지 않았을까요? 하루하루가 고문 같고, 어떻게 해서든 황후 타나시리의 폭력에서 벗어나고 싶었겠지요. 타나시리의 모진 매질에서 벗어나기 위해서는 자신에게 타나시리보다 강한 힘과 높은 지위가 필요하다고 생각했을 것입니다. 그래야 이 살벌한 원나라 황실에서 살아남을 수 있을 테니까요.

절호의 기회, 타나시리의 죽음

그러던 1335년 지독하게 기씨를 괴롭히던 황후 타나시리의 매질이 거짓말처럼 뚝 그치게 됩니다. 타나시리가 죽음을 맞이했기 때문입니다! 그런데 갑자기 죽음이라니, 이게 어찌된 일일까요? 타나시리 가문의 권세가 도를 지나치자, 원 혜종은 이들을 견제하기 위한 방법을 강구합니다. 또 다른 권신을 이들보다 높은 지위에 올려 그들의 힘을 억누르려 한 것이지요. 타나시리의 오빠들은 이를 못마땅하게 여겨 원 혜종을 폐위시키려는 계획을 세웠습니다. 그러나 발각이 되고 말았고 이 때문에 도리어 역모를 일으킨 죄로 처단을 당하고 말았지요. 타나시리 역시 약 한 달 뒤 유배를 가는 길에 독살로 죽음을 맞이하게 되었습니다.

황후 타나시리의 처형 이후, 기씨에게도 놀라운 소식이 들려왔습니다. 자신이 궁녀의 신분에서 벗어나 원나라 황제의 정실부인인 황후가 될 수도 있다는 소식이었지요. 원 혜종이 진정으로 사랑하는 여인, 기씨를 원나라 황후 자리에 앉히겠다고 강력히 주장했던 것입니다. 고려에서 온 궁녀가 원나라 황후가 된다니, 당시에는 꿈도 꿀 수 없었던 파격적인 일이었습니다.

사실 원 혜종이 기씨를 황후로 맞이하려고 한 데에는 숨겨진 이유가 있었습니다. 만약 타나시리처럼 강력한 권신 집안의 여인이 황후가 되면 원 혜종은 또다시 권신들의 위세에 눌려 눈치를 봐야 했겠지요. 하지만 기씨에게는 황제를 위협할 만한 외척 세력이 없었습니다. 고려 출신의 궁녀에, 대단한 가문의 연줄도 없던 기씨를 황후 자리에 앉히는 것은 원나라 황제의 황권을 강하게 만들기 위한 포석이기도 했던 것이죠.

기씨 역시 이러한 황실의 분위기와 상황을 눈으로 보고 귀로 듣고 있었겠지요. 이쯤 되면 '내가 황후가 될 수 있겠구나!' 하고 기대하며 욕심이 나지 않았을까요? 정말로 이대로 기씨는 황제의 정실부인인 황후가 될 수 있었을까요? 그런데 이러한 기씨를 기대를 완전히 무너뜨리는 일이 생기고 말았습니다.

"바얀쿠투는 쿵크라트씨로 (…) 황후가 되었다."

《원사》 114권, 열전 1 순제 후비 백안홀도 황후

황후의 자리를 차지한 것은 기씨가 아닌 쿵크라트족의 여인, 바얀쿠투였습니다. 쿵크라트족은 칭기즈칸 때부터 대대로 황후를 배출한, 유서 깊은 혈통을 자랑하는 고귀한 가문이었지요.

황후 바얀쿠투가 지닌 가문의 위세 말고도 기씨가 황후의 자리에 오르지 못한 결정적 이유가 또 있었습니다. 타나시리 가문이 멸하고 다음으로 원나라 조정을 장악했던 권신의 반대가 있었기 때문이지요. 그 권신의 이름은 바얀이었습니다. 재상 바얀은 기씨의 출신을 빌미로 황후 책봉을 극구 반대하며 원나라 황후는 반드시 원나라 황실과 대대로 혼인을 맺어온 집안, 즉 명망 높은 가문이어야 한다고 주장했던 것이지요. 그의 강력한 반대에 원 혜종 역시 따를 수밖에 없었습니다.

타나시리가 죽고 황후에 오를 수 있다는 희망도 잠시뿐, 자신의 신분을 문제 삼는 권신과 유력 가문의 위세 앞에 기씨는 고려 출신 궁녀라는 신분의 한계를 절감했겠지요. 그리고 새로운 황후의 등장에 기씨는 또다시 불안감에 휩싸일 수밖에 없었습니다.

그렇게 바얀쿠투가 새 황후의 자리에 오르고 얼마 지나지 않아 원나라 황실에 대경사가 일어났습니다. 바로 원 혜종의 첫아들이 탄생한 것입니다. 첫아들의 이름은 아유르시리다라였지요. 이 첫아들을 낳은 사람이 누구였을까요? 아유르시리다라의 어머니는 황후 바얀쿠투가 아니라 기씨였습니다. 기씨가 기적처럼 황제의 첫아들을 낳은 것이지요. 새 황후를 들였지만 원 혜종의 마음은 여전히 기씨에게 향해 있었다는 사실을 증명해 주지요.

제2황후가 된 기황후
자정원을 손에 쥐다

기씨가 낳은 첫아들은 그녀에게만 불안감을 떨쳐줄 큰 기쁨이 아니었습니다. 원나라 황제 혜종도 마찬가지였지요. 그는 첫아들이 태어난 뒤 커다란 근심거리였던 후계자 문제를 내려놓을 수 있었거든요.

사실 아들이 태어나기 전에도 원 혜종의 뒤를 이을 황태자는 존

제주 불탑사 오층석탑 독실한 불교 신자였던 기황후는 제주의 삼첩칠봉三疊七峰에 사찰과 탑을 불공으로 드리라는 승려의 계시를 따라 제주에 원당사를 짓고 오층석탑을 건립했다. 그 후 기황후가 태자를 얻었다는 속설이 전해지면서 이곳에 아들을 원하는 사람들의 발길이 끊이지 않았다고 한다. 현재 원당사는 없어지고 불탑사가 세워졌으나 이 오층석탑만은 고려 때 지어진 모습으로 남아 있다. 문화재청 제공.

재했습니다. 후계자는 원나라 제12대 황제 문종의 아들이자 원 혜종의 사촌인 엘테구스였지요. 후사가 없다면 후계자는 사촌에게 넘어가게 되는 상황이었던 겁니다.

만약 원나라 조정에서 엘테구스 황태자를 지지하는 세력이 커지면 어떻게 될까요? 원 혜종과 그의 가족들은 쫓겨나거나 쥐도 새도 모르게 죽임을 당할 수 있었겠지요. 그러니 원 혜종은 당연히 사촌 엘테구스가 아닌, 자신의 아들에게 황위를 물려주고 싶었겠지요. 이처럼 아들이 없어 황권이 불안한 시기에 총애하던 기씨가 떡하니 후계자가 될 수 있는 아들을 출산했으니 얼마나 기뻤을까요?

결국 원 혜종은 황태자 엘테구스를 조정에서 쫓아냈습니다. 기씨가 낳은 아들이 원나라 황실의 후계 구도에 큰 변화를 불러일으켰던 것입니다. 그리고 1340년, 원나라 조정은 물론 고려까지 깜짝 놀라게 만들 소식이 들려왔지요.

> "원에서 기씨를 책봉하여 제2황후로 삼았다."
>
> 《고려사》 36권, 충혜왕 후1년(1340) 4월 11일

고생 끝에 낙이 온다고, 드디어 기씨가 황제의 정실부인인 황후가 된 것입니다. 원나라 황제는 황후를 여러 명 둘 수 있었거든요. 기씨를 황후로 책봉하길 바랐던 원 혜종은 제1황후 바얀쿠투는 그대로 둔 채, 기씨를 제2황후로 책봉했습니다. 그는 후계자를 낳아

준 기황후를 자신의 황권을 공고히 다져준 고마운 존재이자 정치적 동반자로 생각했던 것이지요. 기씨가 비로소 명실상부한 기황후로 탈바꿈하는 순간이었습니다.

그런데 어떻게 황후가 될 수 있었을까요? 분명 기황후는 가문과 신분 때문에 황후 자격이 없다며 신하들에게 배척당했잖아요. 원 혜종은 기황후를 강력하게 반대하던 권신 바얀을 조정에서 쫓아내 버렸습니다. 본래 원 혜종은 자신의 집권 과정에서 커다란 공을 세웠던 바얀에게 많은 권력을 내주었습니다. 그런데 막상 그가 집권한 이후에 바얀이 원 혜종을 점점 무시하는 게 아니겠어요? 이에 원 혜종은 바얀을 불만스럽게 생각했고, 자신의 측근 세력과 바얀에게 불만을 가진 세력을 결집해 그를 제거해 버렸습니다. 이로써 기황후의 앞을 가로막고 있었던 거대한 장벽이 사라지게 된 것이지요.

드디어 원나라 황제의 정실부인이 된 기황후에게 원 혜종은 아주 특별한 선물을 주었습니다. 그가 준 선물은 기황후에게 전에 없던 엄청난 부를 가져다주었지요. 이 선물은 자정원資政院으로, 자정원은 황후가 재물을 모으고 관리할 수 있는 재정 관리 기구였습니다.

대개 원나라 황후들은 명망 높은 가문의 출신이었잖아요. 그들은 황후로 책봉되어 황궁에 들어올 때에도 빈손으로 오지 않았습니다. 시중을 들 사람이나 많은 재물도 챙겨왔지요. 그러다보니 원 황실에는 황후마다 재물을 관리하는 기구가 필요했습니다. 하지만 고려에서 온 궁녀였던 기황후는 다른 황후처럼 모아둔 재물이 없었겠지요. 그래서 원 혜종은 주인이 없었던 황태후의 재산과 그 재물을 관리하던 자정원을 몽땅 기황후에게 선물했습니다. 황제의 지원 덕분에 기황후는 제1황후 못지않은 큰 힘과 영향력을 손에 넣을 수 있게 되었지요.

여전한 출신 문제
황태자 책봉을 위한 로비

제2황후로 책봉되고 막대한 재물까지 손에 넣게 된 기황후. 하지만 탄탄대로가 펼쳐질 줄 알았던 그녀의 앞길에 생각지도 못했던 장애물이 생겼습니다. 1348년, 원나라 신하들이 원 혜종에게 이런 내용의 글을 올렸거든요.

> "고려 기씨로 또한 황후의 지위에 있게 하십니까? 지금 재이災異가
> 자주 일어나고 하천이 터지고 지진이 일어나며 도적이 점점 늘어나
> 는 것은 모두 음이 성하고 양이 미약해진 형상이니, 간청하옵건대,
> 그를 이전대로 강등하여 비로 삼아 삼진이 제자리를 찾아 재이가
> 그칠 수 있기를 바랍니다."
>
> 《원사》 41권, 본기 순제 4(1348)

기황후를 황후에서 비로 강등시키라는 요구였습니다. 재이란 재앙이 되는 기이한 일을 지칭하는 말로, 원나라에 지진이나 홍수 같은 자연재해가 자주 일어나고 온 나라에 도적이 들끓는 이유가 전부 기황후 탓이라는 겁니다.

신하들은 왜 상소에서 기황후를 탓하고 그녀를 강등시켜야 한다고 주장한 걸까요? 이대로 있다가는 원 혜종의 유일무이한 아들이자 기황후가 낳은 자식이 황태자가 될 가능성이 높았던 것입니다. 신하들은 제1황후인 바얀쿠투로부터 두 번째 아들이 태어날 가능성을 염두에 두고 계속해서 기황후를 견제했습니다. "명망 높은 가문이 아니라면 절대 원나라의 황태자가 될 수 없다"라며 여전히 기황후의 신분과 출신을 트집 잡고 반대하는 신하가 많았던 것이었어요.

이처럼 원나라에서는 황제의 자식이라고 해서 당연하게 황태자가 되는 건 아니었습니다. 황태자가 되는 데에는 몇 가지 절차가 있었는데, 그중 하나로 신하들의 합의가 필요했지요.

만약 기황후가 비나 빈으로 강등되면 어떻게 될까요? 기황후의 아들 아유르시리다라는 비의 아들이라는 이유로 유력한 후계자 자리에서 멀어지겠지요. 지금까지 기황후가 쌓아온 공든 탑이 무너질 위기에 놓인 것입니다. 아유르시리다라를 황태자로 책봉하는 것에 대한 신하들의 반대는 이후 몇 년간 계속 되었는데, 이 때문에 기황후는 불안에 떨어야 했지요.

그러던 1353년 음력 6월, 오랫동안 기다리고 기다리던 아유르 시리다라의 황태자 책봉이 결정되었습니다. 출신 때문에 배척당했던 기황후의 아들이 명실상부한 원나라의 황태자로 인정받게 되는 순간이었지요. 그동안 신하들의 반대가 끊임없이 빗발쳤는데 어떻게 황태자가 될 수 있었던 걸까요? 여기에는 어머니 기황후의 보이지 않는 손이 작동하고 있었습니다.

원 혜종이 제2황후에 올라선 기황후에게 주었던 특별한 선물, 기억하시나요? 기황후는 이 자정원의 재물을 정치 자금으로 활용했습니다. 아들을 황태자로 만들기 위해 지금으로 치면 정치적 로비를 감행했던 것이지요. 기황후는 자정원의 재산을 잘 운영해서 자금을 불렸고, 이 돈으로 차근차근 권신들을 포섭해 갔습니다. 아들 아유르시리다라를 황태자로 세우기 위한 기황후의 비책이 제대로 통했던 것이지요.

기황후의 수난 시대
고려에서 일가족이 몰살되다

아들까지 황태자 승계를 약속받으며 승승장구하던 기황후에게 어느 날 믿기 힘든 충격적인 소식이 전해졌습니다. 그 소식은 머나먼 동쪽 땅이자 자신의 출신지이기도 한 고려로부터 들려왔지요.

고려에서 기황후의 친오빠인 기철이 처참하게 살해당했다는 소식이었습니다.

기황후의 친오빠를 살해한 사람은 고려 제31대 왕 공민왕이었습니다. 공민왕은 원의 간섭으로부터 벗어나 고려를 재건하려는 꿈을 꾸며 개혁을 추진했지요. 그런 공민왕이 위험을 무릅쓰고 원나라 황후의 친오빠인 기철을 처단한 데에는 결정적인 이유가 있었습니다.

> "기철 등이 임금의 위세를 빙자하여 나라의 법도를 뒤흔드는 일이 벌어졌다."
>
> 《고려사》 39권, 공민왕 5년(1356) 6월 26일

기철이 든든한 배경이 되어주는 기황후를 이용해 자신이 임금처럼 행세하며 고려의 법도를 어지럽혔다는 이유였습니다. 이뿐만이 아니었지요. 기철은 공민왕 옆에서 나란히 걷고 심지어 왕에게 보내는 편지에 자신을 신하라고 칭하지도 않았습니다. 기황후 덕분에 고려에서 기씨 집안의 위세는 점점 커졌고, 원나라의 힘을 등에 업은 기씨 집안이 고려에서 마음껏 횡포를 부리고 있었던 것입니다.

이런 상황에 개혁을 꿈꾸던 공민왕이 가만히 있을 수 있었을까요? 결국 공민왕은 고려를 혼란하게 만드는 친원 세력을 싹 쓸어버

릴 계획을 세웠던 것입니다. 그 시작점이 기철이었지요. 먼저 공민왕은 연회를 핑계로 기철 일당을 불러내 그 자리에서 기철을 처단하고 남은 기씨 일가까지 숙청해 버렸습니다.

원나라에서 친오빠 기철과 일가족의 처형 소식을 듣게 된 기황후는 큰 분노에 휩싸였습니다. 당장이라도 자신의 가족을 무참히 살해한 공민왕에게 피의 복수를 하고 싶었겠지요. 하지만 기황후는 바로 복수를 감행할 순 없었습니다. 당시 원나라는 곳곳에서 우후죽순으로 들고 일어나는 반란 세력과 홍건적의 난을 진압하느라 골머리를 앓고 있었거든요. 원나

개성 경천사지 십층석탑 1348년 친원 세력들이 고려에 건립한 석탑. 기황후는 고려 출신 환관 고용보라는 인물을 기용해 자신의 자정원을 운영하게 했는데, 탑 신석에 새겨진 발원자 중 하나에서 그의 이름을 확인할 수 있다. 고려의 중심지에 원의 번영과 황실의 천수 만세를 기원하는 석탑을 세울 만큼 기씨 집안의 위세는 대단했다. 현재는 국립중앙박물관 내부에 전시되어 있다. 한국학중앙연구원 제공.

라의 군사를 고려에까지 보낼 여유가 없었던 상황이었습니다.

사실 공민왕이 적법한 절차 없이 원나라 황후의 일족을 죽였다는 것은 기황후 개인의 문제를 넘어 국가적인 차원의 문제였습니

다. 그러나 기철 처형 사건 직후 원나라가 사신을 보내 고려를 질책한 것으로 일을 마무리한 데에는 내부 분란으로 혼란스러운 상황에서 자칫 고려에 잘못 대응했다가 도리어 큰 위기를 초래할지 모른다는 우려 때문으로 보입니다. 결국 기황후는 피눈물을 삼키며 지켜볼 수밖에 없었지요. 하지만 이 일을 두고두고 생각하며 공민왕에게 복수를 다짐했겠지요.

이 즈음 기황후에게는 또 한 가지 걱정이 있었습니다. 황제의 후계자 경쟁에서 아들의 입지를 굳히는 일이었지요. 이미 황태자가 된 아유르시리다라의 입지를 어째서 걱정했을까요? 사실 몇 년 전, 기황후가 절대 바라지 않았던 일이 기어코 일어나고 말았거든요. 원 혜종과 제1황후 바얀쿠투 사이에서 아들이 태어났던 것입니다. 바얀쿠투가 원 혜종의 두 번째 아들을 낳은 이상 기황후의 아들은 반쪽짜리 황태자나 다름없었습니다.

더군다나 황태자로 인정받긴 했지만 어찌된 이유인지 아유르시리다라가 정식 황태자로 공인받는 책봉식을 치르지 못했거든요. 그 이유는 황태자의 책봉식을 가로막은 강력한 권신이 있었기 때문입니다. 그는 원나라 황실을 장악한 재상 톡토였지요. 권신 톡토가 온갖 핑계를 대며 아유르시리다라의 황태자 책봉식을 미루고 있었던 거예요. 톡토는 대대로 황후를 배출한, 뼈대 있는 가문의 여인 바얀쿠투가 낳은 아들이야말로 진정한 황태자 감이라고 주장했던 것입니다.

기어코 제1황후 바얀쿠투의 아들이 태어난 상황! 이대로 제1황후의 아들이 황태자가 되면 기황후와 아유르시리다라의 운명은 어떻게 될까요? 후계자는 둘째 치고, 쥐도 새도 모르게 정적들에게 죽임을 당할 수도 있었습니다. 기황후에게 황태자 책봉식은 자신과 아들의 생존을 위해서라도 반드시 이뤄져야 할 일이었지요. 바얀쿠투와 기황후 간의 예측할 수 없는 후계자 싸움, 과연 그 승자는 누가 되었을까요?

고대하던 황태자 책봉식과
충격적인 선위 파동

1355년 음력 3월, 드디어 원 혜종의 뒤를 이을 황태자의 성대한 책봉식이 열렸습니다. 차기 원나라를 지배할 단 한 사람은 누구였을까요?

> "황태자 아유르시리다라에게 옥책과 9개의 술이 달린 왕관을 수여하고 태묘에 고하게 하였다."
>
> 《원사》 44권, 본기 순제 7(1355)

황태자 책봉식의 주인공은 기황후의 아들 아유르시리다라였습니다. 재상 톡토의 강력한 반대가 있었는데, 어떻게 기황후의 아들이 황태자 책봉식을 치를 수 있었던 걸까요? 원 혜종은 이미 권신 톡토와 그의 세력을 경계하고 있었습니다. 이번에도 원 혜종이 톡토를 반대하는 세력을 이용해 톡토마저 제거해 버렸지요. 그는 결국 바얀쿠투가 아닌 기황후의 손을 들어주었습니다. 앞길에 걸림돌이 되었던 톡토가 제거되자 아유르시리다라의 황태자 책봉식은 일사천리로 진행되었습니다.

마침내 염원하던 아들의 책봉식이 이뤄졌지만 기황후는 마냥 기뻐할 수만은 없었습니다. 아들의 황태자 자리를 위협하는 제1황후 바얀쿠투와 그 지지 세력이 존재하는 한 안심할 수 없었던 거예요. 기황후는 아들을 무사히 황제로 올리기 위해서 자신과 아들을 지지해 줄 든든한 기반이 필요하다고 생각했습니다. 더욱 강력한 권력을 좇기 시작한 것이지요. 그래서 기황후는 자신에게 힘을 보태줄 이들을 포섭하기로 했습니다. 그들은 원나라 조정을 좌지우지하는 권신들이었지요. 그런데 그들을 포섭하기 위해 기황후가 취한 방법이 다소 충격적입니다.

그 방법은 고려 여인들을 원나라 권신들에게 내려주는 것이었습니다. 아무리 원나라 황후의 자리에 올랐을지라도 기황후가 공녀의 서러움을 몰랐을 리 없었겠지요. 고려 여인들에게 공녀는 대부분 피하고 싶은 일이었으니까요. 그러나 한편으로는 이것을 기회로 잡으려는 사람들도 있었습니다. 고려에 원나라 권세가와 통혼을 통해 인맥을 얻거나 신분 상승을 위해 일부러 딸을 원나라에 보내는 자도 있었거든요. 이러한 양상은 기황후의 등장 이후 더 심해졌다고 합니다.

기황후는 자정원에서 고려 여인을 거두고 교육시켜 원나라 고관들에게 보냈던 것으로 보입니다. 자기가 겪었던 경험을 권력을 유지하는 수단으로 활용했던 것이지요.

이 시기 원나라에서 기황후의 영향력은 대단했습니다. 급기야

《고려사》에 나타난 공녀 차출 기록 원나라에서 공녀를 요구하면 숫자를 채우기 급급했던 고려 조정은 공녀 선발을 위한 관서 결혼도감과 과부처녀추고별감이라는 임시 관서까지 설치하기에 이른다. 고려에서 공녀 차출은 처음엔 과부나 역적 혹은 승려의 딸을 대상으로 했으나 점차 왕족, 귀족, 관료의 딸로도 대상이 확대되었다. 서울대학교 규장각한국학연구원 제공.

원 황실의 궁녀들을 중심으로 고려 스타일의 옷이 유행하기 시작했지요. 원나라의 양윤부라는 사람이 시에 "고려 사람은 생채 밥을 쌈에 싸서 먹는다"라고 소개했을 만큼 고려풍 식문화도 유행하게 됩니다. 원나라를 휩쓴 고려의 풍속을 통칭하는 '고려양高麗樣'이라는 신조어도 탄생했지요. 이른바 한류 열풍이 불었던 것입니다.

기황후가 원나라 권신들을 하나하나 포섭하며 영향력을 넓혀가던 그때, 원나라 조정을 발칵 뒤집는 사건이 벌어지고 맙니다. 기황후의 아들이 공식적인 황태자로 선포된 지 5년이 흐른 1360년,

원나라 벽화에 나타난 고려양 오른쪽에 앉은 원나라 여인이 고려식 복속인 푸른색 '반비(半臂)'를 걸치고 있다. 원나라의 시 〈궁중사〉에서는 "궁중 의상은 새롭게 고려양을 숭상하니 저 고리는 허리 아래까지 덮지만 반팔이 드러나네"라는 대목이 나온다. 여기에서 말하는 옷이 반비로, 고려 공녀들에 의해 원나라에 전파되었을 것으로 추측한다. 중국 적봉박물관 소장.

원 혜종이 어떤 신하의 말을 듣고 불같이 화를 낸 것이었지요.

"황제의 자리를 황태자에게 물려주셔야 합니다!"

한 신하가 원 혜종에게 그만 황제의 자리에서 물러나라고 말한 것이었지요. 당시 원 혜종은 41살로 정정한 나이였습니다. 그런데 이상한 건 이러한 신하들의 선위 요구가 처음이 아니었다는 겁니다. 신하들은 4년 전, 37살인 원 혜종에게 선위를 요구한 적이 있었던 거예요. 이때 원 혜종은 어떤 조치를 취했을까요? 그러한 청을 한 신하를 곤봉으로 때려서 죽여버렸습니다. 그렇다면 두 번째 선위 요구에 원 혜종은 어떻게 했을까요? 선위를 요구한 신하는 물론이고 그 형제까지 모두 잔인하게 죽여버렸습니다.

아직 젊은 원 혜종을 두고 신하들은 왜 목숨을 내걸고까지 선위를 요구했던 걸까요? 누군가가 신하들 뒤에서 황제를 끌어내리려는 공작을 꾸미고 있었던 것입니다. 놀라운 건 배후의 정체였습니다. 신하들이 믿고 있던 강력한 뒷배는 혜종이 그토록 사랑하던 아내 기황후였던 것입니다. 원 혜종의 입장에서는 한순간에 사랑하는 아내와 아들에게 철저하게 배신당한 것이었지요.

이때 제1황후 바얀쿠투의 아들은 2살이라는 어린 나이로 세상을 떠난 뒤였습니다. 하지만 바얀쿠투가 또 아들을 낳으면 어떻게 될까요? 아유르시리다라가 황제가 되기 전까지 기황후는 후계자 자리를 빼앗길까 노심초사할 수밖에 없겠지요. 바얀쿠투가 있는 한 기황후와 아들은 벼랑 끝에서 하루하루를 살아야 했습니다. 기황후는 아들을 불안한 황태자 자리에 두기보다 한시라도 빨리 안정적인 황제 자리에 앉히고 싶었던 것입니다. 그래서 찾아낸 돌파구가 남편을 몰아내고 아들을 황제 자리에 앉히는 것이었죠.

자신을 황제의 자리에서 끌어내리려는 사람이 기황후라는 걸 알게 된 원 혜종은 어떻게 했을까요? 그는 그저 두 달 정도 기황후를 찾지 않았을 뿐, 어떤 처벌도 내리지 않았습니다. 아직까지 기황후는 원 혜종에게 좋은 정치적 파트너였던 겁니다. 정략결혼으로 맺어진 바얀쿠투 뒤엔 강력한 외척 세력이 있었지만, 기황후에게는 황권을 위협할 정도의 세력은 없었거든요. 아무리 자신을 끌어내리려 했다 해도 원 혜종의 입장에서는 어차피 아유르시리다라를 다음 후계자로 삼았으니, 그의 어머니인 기황후를 내칠 수 없었던 것입니다.

공민왕을 겨눈 복수의 칼날
원나라의 고려 출정!

선위 파동은 실패로 끝났지만 기황후의 야심은 꺾이지 않았습니다. 기황후는 자신의 세력을 확장할 새로운 방법을 찾기 시작했지요. 그리고 아들에게 든든한 기반을 만들어줄 묘수를 떠올렸습니다. 이 방법은 원나라에서 오랫동안 자신과 아들의 발목을 잡았던 가문과 출신을 한 번에 뒤집어줄 절호의 기회였지요.

만약 기황후가 고려를 손아귀에 쥔다면 어떻게 될까요? 그러니까 기황후가 고려 왕조를 왕씨가 아닌 기씨로 만드는 위험한 꿈을 품기 시작한 것입니다. 기황후의 입장에서 기씨가 고려의 왕조가 된다면 자신과 아들이 원나라 왕실에서 인정도 받고, 위세도 나날이 높아질 수 있겠지요? 이러한 생각 끝에 기황후의 시선은 동쪽의 땅 고려로 향했습니다.

"고려 왕 백안첩목아를 폐하다."

《원사》 46권, 본기 순제 9(1362)

백안첩목아는 고려 공민왕의 원나라식 이름입니다. 기황후가 원 혜종을 설득해 공민왕을 폐위시켜 버린 것입니다. 원나라는 공민왕 대신 고려의 차기 왕으로 공민왕의 삼촌뻘이자 고려 제26대 왕이었던 충선왕의 셋째 아들 덕흥군을 앞세웠지요.

기황후는 덕흥군을 왕위에 올리고 기씨 집안의 아이를 덕흥군의 후계자로 삼으려는 계책을 꾸미고 있었던 것입니다. 덕흥군이 고려를 다스리다가 왕위에서 물러나면 어떻게 될까요? 기황후의 계획대로 자연스럽게 기씨 집안의 아이가 고려 국왕이 되는 것이지요. 이 전략이 성공한다면 고려의 왕족은 더 이상 왕씨가 아니라 기씨가 되는 것입니다. 기씨가 고려의 왕족으로 탈바꿈할 수 있는 엄청난 계략이었지요. 이 계획이 성공한다면 기황후와 아들의 목숨을 쥐고 흔들었던 변변찮은 가문 출신이라는 꼬리표를 뗄 수 있을 터였습니다. 기황후는 고려와 고려 왕실을 통째로 삼켜버릴 엄청난 욕망을 꿈꾼 것이지요.

물론 여기에는 공민왕에 대한 개인적인 원한도 깃들어 있었습니다. 기황후는 한순간도 공민왕에 의해 숙청된 가족들을 잊지 못했던 거예요. 심지어 기황후는 아들이 비로소 황태자 자리에 올랐을 때 이렇게 말하기도 했습니다.

"네가 이미 장성했는데 어찌 나를 위해 원수를 갚지 않느냐!"

기황후는 공민왕이 자신의 가족을 숙청했던 사건을 가슴 속에 응어리처럼 품고 살아왔던 것입니다. 기황후의 입장에선 피가 거꾸로 솟는 심정을 꾹꾹 눌러가며 참아온 긴 세월 끝에 이제야 복수의 칼을 겨눌 순간이 찾아온 것이지요.

한편, 고려에 있던 공민왕은 원나라가 자신을 폐위하고 새로운 고려의 왕을 임명했다는 소식을 들었습니다. 공민왕은 이에 어떻게 반응했을까요? 그는 굳건히 고려의 왕좌에서 버티며 이를 받아들이지 않았습니다. 고려의 왕좌를 두고 버티는 공민왕과 찬탈하려는 기황후의 맞대결이 시작된 것이지요.

고려를 통째로 손아귀에 쥐려는 기황후는 1364년, 초강수를 두었습니다. 새로운 고려 국왕 덕흥군과 그의 원자로 삼은 기씨 집안의 아이를 고려로 들여보낸 것이지요. 왕좌에 버티고 있는 공민왕을 비롯한 고려 측의 저항을 우려해 원나라 군사 1만여 명을 모아 이들을 호송하게 했습니다. 원나라는 덕흥군을 고려의 새 국왕으로 삼는다고 선포했지만, 고려는 원나라의 왕위 교체 결정을 순순히 받아들일 생각이 없었습니다. 고려가 군사적 대응을 하려 하자 압록강을 건너 고려 땅에 당도한 원나라군은 무자비하게 고려군을 공격했습니다. 미처 공격에 대비하지 못한 고려군은 당황한 채 속수무책으로 밀릴 수밖에 없었지요. 과연 이 전쟁의 승자는 누가 될까요?

"압록수를 건너는데 복병이 사방에서 일어나니, 이에 크게 패하고
남은 17기로 돌아오니, 기황후가 크게 부끄러워하였다."

《원사》 114권, 열전 1 순제 후비 완자홀도 황후 기씨

놀랍게도 승리는 고려군이 쟁취했습니다. 고려를 침략한 1만여
명의 원나라 군사 중 겨우 17명의 기병만이 구사일생으로 목숨을
건져 고국으로 돌아갈 정도로 고려의 일방적인 대승이었지요.

위기의 순간, 고려는 어떻게 전세를 역전시킬 수 있었던 걸까
요? 당시 고려군에는 백전불패의 장군이 2명이나 있었기 때문이
지요. 그들의 이름은 그 유명한 최영과 이성계였습니다. 최영과 이
성계의 활약 덕분에 원나라군이 대패하고 만 것이지요. 결국 고려
를 삼키겠다는 기황후의 욕망은 물거품이 되고 말았습니다.

기황후의 욕심으로 원나라의 군사 약 1만 명이 목숨을 잃은 상
황에 원나라 조정의 분위기는 아주 싸늘했습니다. 기황후에게 등
을 돌리는 조정 대신들은 점점 늘어났고, 기황후의 권세 역시 이전
과 같지 않았지요.

고려 출정에 실패한 뒤 설상가상으로 원나라 황실에는 엄청난
비상사태가 터졌습니다. 누군가 군사를 이끌고 궁궐에 쳐들어온
것이지요. 군사를 이끌고 황궁을 장악한 사람은 원나라 지방에서
세력을 키운 군벌 볼로르테무르라는 자였습니다. 그는 황제에게
충격적인 요구를 했지요.

"황후가 밖으로 국정을 어지럽힌다고 말하게 하고 황제에게 마땅히 황후를 밖으로 내보내야 한다고 아뢰었으나, 황제가 답하지 않았다."

《원사》 114권, 열전 1 순제 후비 완자홀도 황후 기씨

바로 기황후를 내치라는 요구였습니다. 무리한 고려 원정 등으로 원나라 황실에 해를 끼친 기황후를 황후의 자리에서 끌어내리려 한 것입니다. 그런데 이들의 목표는 기황후만이 아니었습니다. 기황후의 아들 아유르시리다라도 마찬가지였던 것입니다! 자칫하면 목숨을 잃을 수 있는 상황에 아유르시리다라는 볼로르테무르의 칼날을 피하기 위해 기황후를 두고서 혼자 도망쳤지요. 그렇게 아들마저 떠나고 1365년 음력 3월, 홀로 남겨진 기황후에게 청천벽력 같은 소식이 전해졌습니다.

"기황후를 황실에서 쫓아낸 후, 유폐하겠다!"

결국 원나라 황실에서 기황후가 쫓겨난 것입니다. 이 결정에 원 혜종은 반대도 찬성도 하지 않았다고 해요. 볼로르테무르가 이미 원 황실을 장악했기 때문에 원 혜종이 할 수 있는 것이 없는 상황이었습니다. 또한 이미 선위 파동으로 자신을 끌어내리려고 했던 기황후에 대한 실망감도 작동했겠지요. 기황후는 자신이 쌓아올린 모든 것을 잃어버리고 쓸쓸히 유폐되었지요.

제1황후에 오른 기황후,
역사 속으로 사라지다

황궁에서 겨우 목숨만 건져 도망친 황태자 아유르시리다라는 복수의 칼을 갈며 지방에서 힘을 키우고 있었습니다. 궁궐을 떠난 지 약 10개월 뒤, 아유르시리다라에게 아버지로부터 선물이 하나 도착했지요. 아버지가 보낸 상자를 연 아유르시리다라는 깜짝 놀라고 말았습니다. 안에 있던 것은 기황후와 황태자를 위협하던 볼로르테무르의 머리였거든요. 원 혜종은 황실이 이제 안전해졌으니, 황태자에게 궁으로 돌아오라는 뜻을 전한 것입니다.

원 혜종은 어떻게 볼로르테무르를 처단할 수 있었던 걸까요? 원 혜종이 전부터 계속 써오던 수법대로, 볼로르테무르의 반대편 세력을 이용한 것이었습니다. 그렇게 원 혜종 덕분에 절체절명의 위기에서 겨우 벗어난 기황후와 그의 아들은 극적으로 황궁에 돌아올 수 있었지요.

> "황후 기씨의 3대 조상의 공신 시호와 왕작을 정하도록 하였다."
>
> 《원사》 44권, 본기 순제 7(1356)

1365년, 원 혜종은 30여 년간 자신의 곁을 지켜온 아내 기황후를 제1황후로 책봉하고, 기황후에게 '숙량합肅良合'이라는 원나라식 성씨를 내렸습니다. 새로운 원나라식 성씨를 받음으로써 기황후는 고려 출신 궁녀라는 꼬리표를 떼고 마침내 확실히 황후로 인정받을 수 있었지요. 그동안 입지가 불안정했던 기황후가 드디어 원나라 황실 내명부 최고의 자리인 제1황후를 차지한 것입니다. 그리고 원 혜종은 기씨 가문의 3대 조상에게 시호까지 내렸지요. 어엿한 제1황후 바얀쿠투가 있는데, 기황후는 어떻게 제1황후에 오를 수 있었을까요?

사실 기황후와 황태자가 황궁에 돌아오고 얼마 되지 않아 바얀쿠투가 갑작스럽게 세상을 떠나버리고 말았습니다. 볼로르테무르는 제거되었고, 황실에는 더 이상 기황후를 위협할 수 있는 세력도 거의 남아 있지 않았던 터라 그 누구도 기황후가 제1황후가 되는 것을 반대할 수 없었지요.

하지만 어렵사리 이룬 꿈은 그리 오래가지 못했습니다. 기황후가 제1황후가 되고 2년 8개월이 지난 1368년 음력 7월, 원나라의 수도는 끔찍한 비명과 피로 뒤덮이고 말았거든요. 명 태조 주원장이 이끈 20만 대군이 파죽지세로 쳐들어와 원 혜종을 북쪽의 몽골 초원으로 몰아냈습니다. 원나라는 제대로 맞서 싸워보지도 못할 정도로 이미 국력이 약해진 상태였지요. 기황후는 주원장의 추격을 피해 원 혜종과 황태자와 함께 치욕적인 피난길을 떠나야만 했습니다. 그리고 이 피난에 대한 기록을 마지막으로 기황후는 역사 속에서 흔적도 없이 사라졌지요. 그 후 1388년, 117년간 중국 대륙

을 지배했던 원나라는 멸망하고 말
았습니다.

후대의 사람들은 기황후를 어떻
게 평가했을까요? 원나라에서는 자
신의 나라를 망하게 한 이국 출신의
황후로, 고려에서는 고려 사람이면
서 모국을 공격했던 악녀 중의 악녀
로 기억되었습니다.

그러나 한편으로는 한미한 신분
의 한계를 극복하고 냉혹한 원나라
황실에서 살아남기 위해 권력을 좇
았던 강한 여인이었다는 평가도 존

명 태조 주원장 대만 국립고궁박물원 소장

재하지요. 힘을 펼치기 어려웠던 원 간섭기, 혈혈단신으로 원나라
에 가야만 했던 기황후는 신분의 꼬리표를 떼고 원 황실의 가장 높
은 자리까지 올라갔기 때문입니다.

한때 고려의 왕조를 위협할 만큼 위력을 떨쳤던 기황후는 이렇
게 역사 속에서 사라졌지요. 기황후의 이야기를 통해 당장 눈앞의
계단을 '하나만 더' 바라며 오르는 데 급급하기보다 성공을 좇는
과정에서 간과했던 것은 없었는지 한 번쯤 되돌아볼 수 있는 시간
이었기를 바랍니다.

벌거벗은
개혁 군주

이명미(경북대학교 사학과 교수)

반원 정책을 펼친 공민왕이
사랑한 원나라 공주

　임금의 초상화를 그린 어진이나 옛 사람들의 영정을 한번 떠올려볼까요? 근엄한 표정으로 정면을 응시하는 얼굴들이 떠오르지 않나요? 그런데 이런 고정관념에서 벗어난 고려 시대의 영정이 있습니다. 보통의 영정들처럼 주인공 한 사람만 그리지 않고 부부가 함께 그려져 있지요. 이 영정 속 부부는 죽은 뒤에도 한 폭에 그려져야 할 만큼 각별한 사이였던 것입니다. 이렇게 애틋한 사이를 자랑하는 이들은 대체 누구였을까요? 바로 고려 제31대 왕 공민왕과 그의 부인 노국대장공주였습니다.

　공민왕은 원나라의 정치적 영향에서 벗어나고자 한 개혁 군주로 널리 알려져 있습니다. 이름에서도 드러나듯 원 간섭기에 고려

공민왕과 노국대장공주 국립고궁박물관 제공

왕들의 이름에 들어가던 '충忠'자도 쓰지 않았지요. 공민왕은 원의 영향력에서 벗어나고 고려를 재건하기 위해 원나라와 고려 내 친원 세력을 견제했습니다.

그런데 그의 가장 가까운 곳에 원나라 사람이 있었습니다. 영정에 함께 그릴 만큼 공민왕이 사랑했던 사람, 공민왕과 가장 각별한 사이였다고 알려진 사람, 바로 노국대장공주입니다. 원나라의 간섭으로부터 벗어나기 위해 반원 정책을 펼친 공민왕이 어쩌다 원나라의 공주와 사랑에 빠지게 된 것일까요? 고려판 로미오와 줄리엣, 두 사람의 애틋한 사랑 이야기를 벗겨보겠습니다.

원나라에서 자란
고려의 왕자

1330년 음력 5월 6일, 공민왕은 고려 제27대 왕 충숙왕의 둘째 아들로 태어났습니다. 그러나 고려의 왕자였던 공민왕은 어렸을

때 정작 고려에서 자라지 못했습니다. 12살의 공민왕은 강제로 원나라로 떠나야만 했거든요. 공민왕의 형인 충혜왕이 1339년 고려의 왕으로 즉위하고 그로부터 2년이 흘렀을 무렵, 공민왕은 머나먼 원나라로 케식kešik 생활을 하러 가야 했던 것이었지요.

"원 순제가 사신을 보내 그를 불러서 입조시켜 숙위宿衛하게 하였다."

《고려사》 38권, 공민왕 총서

케식을 우리말로 바꿔보면 '잘 숙', '지킬 위', 즉 누군가를 지킨다는 의미입니다. 그러니까 공민왕은 원나라 황실의 친위 부대에 참여하기 위해 원나라로 가야만 했던 거예요. 한 나라의 왕자인 공민왕이 왜 타국에서 케식 생활을 해야 했던 걸까요?

그 이유는 주변국을 정벌하며 대제국을 건설해 나간 원나라의 요구 때문이었습니다. 그들은 정복한 지역들의 왕족이나 귀족 자제들을 볼모로 삼고, 원 황실의 친위 부대에 참여하도록 했지요. 고려 역시 여몽전쟁에서 패배한 이후 왕자들이 케식에 참여해야 하는 처지였던 거예요. 여몽전쟁이 끝난 지 80여 년이 훌쩍 지나 공민왕 대에 이르러서도 케식은 계속되고 있었습니다.

어린 왕자의 이역만리 타지 생활은 어땠을까요? 낯선 언어와 문화 그리고 사람들 때문에 어린 공민왕으로서는 당연히 적응하기가 쉽지 않았을 테지요. 그런데 이 고된 케식 생활을 통해 공민왕이 얻게 될 것도 하나 있었습니다. 그건 원나라 황실 그리고 고위층과의 인맥이었습니다. 원나라 황실과 쌓은 인연은 고려에서도 막강한 힘을 발휘하는 정치적 기반이 될 것이 분명했지요.

그래서 고려 조정에서는 케식 생활을 위해 원나라로 떠난 공민왕을 '대원자大元子'라고 불렀습니다. '원자'는 아직 세자에 책봉되지 않은 임금의 맏아들을 가리키는 말이지요. 그런 원자 앞에 '크다, 존귀하다'라는 의미의 '대'까지 붙여서 차기 세자처럼 높여서 부른 것이었어요.

그런데 좀 의아하지요? 공민왕은 당시 고려 왕이었던 충혜왕의 동생이지 아들이 아니었습니다. 선왕의 아들이긴 했지만 원자라 불릴 위치가 아니었지요. 그런데 공민왕더러 대원자라니 대체 무슨 뜻일까요? 당시 고려와 원나라는 굉장히 긴밀한 관계였습니다. 고려 국왕의 자리에 오르는 데에는 원나라 황제와의 관계가 차지하는 비중이 매우 컸지요. 고려 조정에서는 공민왕이 케식 생활을 통해 원나라에서 쌓게 될 끈끈한 관계가 왕위 계승에 도움을 줄 것이라 생각했던 것입니다. 그런 점에서 공민왕을 대원자라고 불렀던 것이지요. 비록 공민왕은 의지와 상관없이 원나라에서 자라야 했지만 도리어 고려 내에서는 강력한 왕위 후보로 떠오르게 되었습니다.

원나라 입김에 좌우되는
고려의 왕위 계승

공민왕이 원나라에서 생활한 지 3년째에 접어들던 1343년, 고려로부터 충격적인 소식이 하나 날아들었습니다. 공민왕의 형이자 고려의 왕이었던 충혜왕이 왕위에서 쫓겨났다는 소식이었습니다. 원나라가 평소 사치와 향락, 사냥을 즐기며 방탕하게 생활한 충혜왕이 고려의 국정을 망치고 있다며 갑작스럽게 왕위에서 쫓아내 버렸던 것이었어요. 한 나라 국왕이 탐탁지 않다면서 축출할 만큼 고려 내에서 원나라의 위세는 그야말로 엄청났지요.

고려의 왕위가 갑자기 비어버린 만큼 강력한 차기 왕위 후보였던 공민왕도 조금의 가능성을 기대하지 않았을까요? 공민왕에게 왕이 되고 싶다는 욕심이 있었는지는 확실하게 알 수 없습니다. 하지만 그에게는 자신이 왕이 되어야 할 이유가 있었지요. 공민왕이 케식을 하러 떠날 때 혼자만 간 것이 아니었습니다. 공민왕을 따라 원나라에 간 많은 신하와 수행 인원이 있었지요. 자신을 따르고 지지하는 사람들의 이해관계와 기대 때문에라도 공민왕은 고려의 왕이 되어야 한다고 생각했겠지요.

게다가 공민왕이 기나긴 케식 생활을 마칠 수 있는 유일한 방법은 사실상 고려의 왕이 되어 고려로 돌아가는 것뿐이었습니다. 언제 끝날지 모르는 원나라에서의 케식 생활, 그리고 머나먼 타지 생활을 함께 견디고 있는 신하들의 기대에 부응하기 위해서라도 공민왕에게는 형의 뒤를 이어 고려 왕이 되는 것이 최선의 선택지였겠지요.

그렇다면 원나라가 책봉한 고려의 다음 왕은 누구였을까요? 충혜왕의 아들이자 공민왕의 조카, 8살밖에 안 된 어린 충목왕이었습니다. 케식 생활로 원나라 고위층과 돈독하게 지내던 공민왕도 있는데, 원나라는 왜 쫓아낸 충혜왕의 어린 아들을 왕위에 올렸던 걸까요? 일단 전왕의 아들이라는 점이 중요했을 거예요. 하지만 더 중요한 이유는 어머니의 출신 때문이었습니다. 공민왕의 어머니는 고려인인 명덕태후였지만, 충목왕의 어머니는 원나라에서 온 덕녕공주였거든요. 원나라에서 인맥만 쌓은 공민왕이 원나라 공주를 어머니로 둔 충목왕을 이길 수는 없었습니다. 원나라 황실과 얼마나 밀접한 관계냐에 따라 고려 안에서 정치적 위상이 달랐던 원 간섭기, 공민왕은 왕위 계승 구도에서 입지가 약했지요.

쓰린 마음으로 다시금 기약 없는 케식 생활을 이어가야 했을 공민왕에게 4년 뒤, 또 한 번의 비보가 들려왔습니다. 조카이자 고려 제29대 왕으로 즉위했던 충목왕이 12살의 나이로 요절하고 만 것이었지요. 이번에야말로 공민왕이 왕위에 오를 차례였을까요? 놀랍게도 충목왕의 뒤를 이어 고려 제30대 왕이 된 사람은 충목왕의 배다른 동생인 12살의 충정왕이었습니다. 공민왕이 또다시 조카에게 밀린 것이지요.

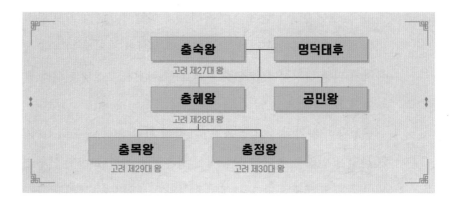

원 간섭기 고려 왕위 계승도

충정왕의 어머니 역시 원나라 공주였던 걸까요? 아니었습니다. 충정왕이 왕의 자리를 차지할 수 있었던 이유는 충정왕의 지지자들 가운데 친원 세력이 대거 포진해 있었기 때문이었어요. 이처럼 고려 국왕의 자리는 원나라 황실에 따라 좌지우지될 만큼 위태로 웠지요. 공민왕은 고려 왕위를 차지하기 위한 세력 싸움에서 두 차례나 패배의 쓴잔을 마셔야 했습니다.

왕이 되기 위한 회심의 선택
원 황실의 사위가 되다

조카들에게 잇달아 밀려 왕위 계승에 실패했지만 공민왕은 포기할 수 없었습니다. 조국으로 돌아가기 위해서라도 고려의 왕이 되는 방법을 찾아야만 했지요. 공민왕은 자신의 정치적 한계를 극복하기 위해 결정적인 한 수를 두기로 했습니다. 그것은 원나라 공주와의 결혼이었지요.

충정왕이 왕위에 오르고 불과 5개월이 지난 1349년 음력 10월, 20살의 공민왕은 원나라 황궁에서 결혼식을 올렸습니다. 신부는 원나라 황제 혜종과 육촌 관계인 황실의 공주였지요. 그리고 공민왕의 아버지인 충숙왕의 두 번째 부인 조국장공주의 조카이기도 했습니다. 그녀의 이름은 보탑실리지만 우리에게 익숙한 호칭은 따로 있습니다. 바로 노국대장공주이지요. 이 이름은 노국대장공주가 사망한 뒤 원나라에서 내린 시호로, '대장공주大長公主'는 원나라 황제의 고모를 뜻하는 말입니다.

그녀의 화려한 배경과 시기적인 이유로 볼 때 이 결혼은 공민왕의 왕위 계승과 관련이 있습니다. 물론 10년이라는 긴 시간을 원나라에서 보냈기에 노국대장공주 집안과 교류하며 두 사람이 미리 만났을 가능성도 없지 않지만, 이들의 결혼을 사랑의 결과물로 볼 수 있는 근거는 확인되지 않았습니다. 고려의 왕이 되기 위해, 그리고 고려로 돌아가기 위해 공민왕이 내린 정치적 선택이었지요. 공민왕은 노국대장공주와의 결혼으로 드디어 원나라 황실의 사위가 되면서 든든한 뒷배를 얻게 되었습니다.

그러던 1351년, 고려의 왕이 다시 한번 폐위되는 사건이 일어났습니다. 원나라가 또다시 제멋대로 충정왕을 왕위에서 쫓아낸 것이지요. 14살밖에 안 된 충정왕이 원나라로부터 폐위된 이유는 대체 무엇이었을까요? 그 이유조차 알 수 없습니다. 왕위 교체를 명령하는 원나라 황제의 문서에서도 별다른 설명이 적혀 있지 않거든요. 그만큼 충정왕의 폐위는 예상치 못하게 갑작스럽게 이뤄졌지요.

공민왕은 이번에야말로 고려의 왕이 될 수 있을까요? 원나라가 선택한 고려의 다음 왕, 충정왕 이후 고려 제31대 왕으로 즉위한 인물은 마침내 공민왕이었습니다. 원나라가 이번에는 공민왕을 선택한 이유는 무엇이었을까요? 충정왕을 폐위시킨 상황에서 공민왕이 가장 유력한 대안이이기도 했고, 또한 원나라는 황실의 가족이 된 공민왕을 확실히 자신의 편이라고 생각했던 듯합니다. 노국대장공주와의 결혼이 공민왕이 왕이 되는 데에 결정적인 역할을 해준 것이지요.

우여곡절 끝에 고려의 왕위를 얻어낸 공민왕은 케식 생활을 한지 무려 10년 만에 고려로 귀국할 수 있었습니다. 드디어 고국으로 돌아가는 공민왕은 설렘과 기대로 가득했겠지요. 그리고 그 옆에는 한껏 긴장한 표정의 한 사람이 있었습니다. 아내 노국대장공주였지요. 고향을 떠나 낯선 이국 땅으로 향하는 노국대장공주는 긴장되면서도 불안한 마음이었을 테지요. 그건 10년 전, 고려를 떠나 원나라로 향했던 공민왕도 마찬가지였습니다. 불안한 노국대장공주가 의지할 수 있는 사람은 정략결혼으로 맺어진 남편, 공민왕뿐이었지요.

고려로 가는 노국대장공주의 마음에는 한 가지 걸리는 지점이 있었습니다. 남편 공민왕과의 관계였지요.

> "왕이 기다리지 않고 먼저 들어갔다고 하여 또 욕지거리를 하고 때리기도 하였다."
>
> 《동국통감》

이는 조선 시대에 편찬한 역사서 《동국통감》에 기록된 이야기입니다. 원나라 공주와 최초로 결혼한 고려 제25대 왕 충렬왕에게 벌어진 일이었지요. 고려 왕에게 욕지거리를 하고 때린 사람은 원나라 공주이자 충렬왕의 아내인 제국대장공주였습니다. 이 놀라운 이야기의 자초지종은 이러했습니다.

성 밖의 불교 사찰에 충렬왕과 제국대장공주가 행차하는 어느 날이었습니다. 앞서 도착한 남편 충렬왕이 아내인 제국대장공주를 기다리지 않고 먼저 절에 들어가 버린 것이었습니다. 그러자 화가 잔뜩 난 제국대장공주가 충렬왕에게 욕을 하고 심지어 손찌검까지 한 것이었습니다. 사실 이러한 불화는 충렬왕 부부만의 문제가 아니었어요. 공민왕 이전에 결혼한 대부분의 고려 왕과 원나라 공주는 사이가 좋지 않았거든요. 노국대장공주는 자신 역시 불행한 결혼 생활을 하게 될까 봐 불안했을 것입니다.

노국대장공주의 불안은 현실이 되었을까요? 다행히 아니었습니다. 노국대장공주와 공민왕은 금실이 좋은 잉꼬부부였거든요. 그들의 사이가 좋았던 이유를 추측해 볼 수 있는 기록도 있습니다.

"노국대장공주가 고려에 올 때 일용 기물과 간책簡冊과 서화 등의 물건을 배에 싣고 왔다."

김안로, 《용천담적기》

'간책'은 대나무 조각을 엮어 만든 책이며 '서화'는 글과 그림을 이르는 말입니다. 즉 노국대장공주는 고려에 올 때 값비싼 금은보화가 아니라 책과 그림을 챙겨왔던 것이지요. 이런 기록을 보면 노국대장공주의 남다른 예술적 감성을 짐작해 볼 수 있겠지요? 그러면 공민왕은 어땠을까요?

"섬세한 그림이 참으로 천인의 필치였다."

이덕무, 《앙엽기》

공민왕 또한 그림 실력이 익히 유명했습니다. 기록에 따르면 공민왕의 섬세한 그림은 하늘의 사람, 즉 천인이 그린 것 같이 훌륭했다고 하지요. 공민왕과 노국대장공주 둘 다 풍부한 예술적 감성

엽기도 천산에서의 수렵 장면을 묘사한 작품으로 공민왕이 14세기 경 그린 것으로 추정한다. 국립중앙박물관 제공.

의 소유자였던 것입니다. 이렇게 취향과 취미가 찰떡같이 맞아떨어지니 둘은 사이가 좋을 수밖에 없었지요.

노국대장공주의 마음을 사로잡은 공민왕의 특별한 점은 또 있었지요. 공민왕은 노국대장공주가 아닌 다른 여자에게 눈길도 주지 않았습니다. 아내밖에 모르는 지고지순한 남자였지요. 취향이 잘 맞고, 나밖에 모르는 남편을 둔 노국대장공주의 마음속엔 고려 생활에 대한 기대도 조금씩 부풀지 않았을까요?

쏘아올린
개혁의 신호탄

그런데 고려에 귀국한 공민왕은 얼마 되지 않아 노국대장공주를 충격에 빠트리는 행동을 벌였습니다. 공민왕이 고려 대신들을 한자리에 불러 모으더니 자신이 입고 있던 몽골의 복식인 호복을 벗어버리는 것이 아니겠어요? 호복을 벗어버린 공민왕은 고려의 왕복으로 갈아입었습니다.

공민왕은 몽골식 머리 모양인 변발도 과감하게 폐지했습니다. 고려에서 무려 100여 년간 이어지던 몽골식 풍습을 바로잡고 고려의 전통을 회복하려는 시도였지요. 이제 막 왕위에 오른 공민왕이 오랫동안 고려 지배층 사이에서 유지되던 몽골 복식의 폐지를 선언한 것은 고려와 원나라의 관계를 이제까지와 다른 방향으로 재편하겠다는 의지를 신료들에게 표현했다는 점에서 중요한 의미를 갖습니다.

이 순간 가장 당황스러웠을 사람은 누구일까요? 파격적인 공민왕의 행보에 원나라 공주인 노국대장공주가 제일 당황스러웠겠지요. 남편 공민왕이 자신의 모국을 배반하는 듯한 행동을 했기 때문입니다. 게다가 공민왕은 노국대장공주와 결혼함으로써 원나라 황실이라는 배경을 얻고 왕이 된 인물이었잖아요. 노국대장공주는 공민왕에게 배신감마저 느끼지 않았을까요?

고려에 유행한 몽골풍 원 간섭기, 원나라에 고려양이 유행했던 것과 비슷한 맥락으로 고려에서는 계층을 막론하고 원나라 풍속이 유행했다. 왼쪽은 13~14세기 고려 중앙 정계에서 활동했던 문신 이조년의 영정으로, 원나라식 의복인 호복과 모자인 발립을 착용한 것을 확인할 수 있다. 오른쪽은 14세기 문신 박익의 묘에 묘사된 생활상인데, 원나라식 모자를 쓴 마부를 살펴볼 수 있다. 성주이씨대종회 소장, 한국학중앙연구원 제공(좌), 문화재청 제공(우).

하지만 노국대장공주는 공민왕이 추진하는 개혁에 아무런 반발 없이 묵묵히 남편의 뜻을 따라주었다고 합니다. 공민왕이 휘두르는 개혁의 칼날에도 노국대장공주는 공민왕을 전적으로 믿어준 것이었지요.

앞서 기황후가 공민왕에게 복수의 칼날을 갈게 된 계기가 되었던 그 사건을 기억하고 있나요? 공민왕이 즉위한 지 6년째 되던 1356년 음력 5월 18일, 기황후의 친오빠인 기철을 비롯해 고려 조정을 장악했던 친원 세력을 대거 숙청했었지요. 공민왕이 쏘아올린 개혁의 신호탄인 셈이었지요.

공민왕은 여기에서 멈추지 않았습니다. 여몽전쟁으로 원나라에 빼앗겼던 고려의 동북면, 지금의 함경남도 땅을 되찾겠노라 마음먹었지요. 공민왕은 원나라가 동북면에 설치했던 쌍성총관부를 공격하라 명령했습니다. 고려군은 출정 두 달 만에 원나라가 차지하고 있던 쌍성총관부를 함락시켰지요. 결국 공민왕은 여몽전쟁 이후 100여 년간 빼앗겼던 고려의 땅을 수복하기에 이르렀습니다.

그칠 줄 모르는 공민왕의 파격적인 반원 정책에 원나라는 심기가 불편했을 것입니다. 그러나 내부 반란과 홍건적의 난으로 위기를 맞고 있어 고려에 위협을 가하거나 쳐들어올 형편이 안 되었지요. 원나라는 공민왕의 행보를 매서운 눈초리로 예의 주시할 뿐이었습니다. 이로써 원나라는 한 가지 만큼은 확실히 깨달았을 테지요. 공민왕이 지금까지의 고려 왕들과는 다른 길을 가려 한다는 걸 말입니다.

고려 왕비의 삶을 선택한
원나라 공주

이제 왜 공민왕이 고려의 개혁 군주로 불리는지 감이 오지요?

공민왕이 원나라의 영향력에서 벗어나기 위해 개혁의 칼을 휘두르고 있었을 때, 일생일대의 갈림길에 선 한 사람이 있었습니다. 공민왕의 아내 노국대장공주였지요.

그런데 공민왕이 변발과 호복을 폐지했을 때와 다르게 반원 정책으로 재편된 원과 고려의 관계는 노국대장공주의 입장에선 심각한 사안이었습니다. 고려와 원나라 사이에 군사적 문제까지 걸려 있었지요. 노국대장공주는 남편에게 등을 돌려 원나라를 선택할지, 원나라를 버리고 남편을 선택할지 양자택일의 기로에 서 있었지요.

결국 노국대장공주는 고려의 왕이자 남편인 공민왕과의 사랑을 선택했습니다. 이때 노국대장공주가 공민왕이 벌였던 반원 정책과 개혁에 불만을 표하거나 입장을 내비친 기록이 없습니다. 이에 노국대장공주가 원나라에 반기를 드는 공민왕의 행보를 묵묵히 지지했다고 추측할 수 있지요. 이런 노국대장공주에게 공민왕은 어떤 마음이 들었을까요? 자신을 믿고 지지하는 노국대장공주에게 공민왕 역시 자신이 해줄 수 있는 모든 걸 해주고 싶지 않았을까요?

그런데 1359년, 잉꼬부부였던 공민왕과 노국대장공주 사이를 얼어붙게 만들 뜻밖의 시련이 찾아오고야 말았습니다.

"왕께서 즉위하신 지 9년이 되었는데도 아직 태자를 두지 못하였으니 양가의 여자를 뽑아 후궁을 채우시기를 바랍니다."

《고려사》89권, 열전 공민왕 후비 휘의노국대장공주

공민왕과 노국대장공주가 결혼한 지 10년이 지났는데도 후사를 보지 못한 것이지요. 결국 기다리다 못한 신하들이 "제발 다른 부인을 더 맞이하셔라"라고 간청했던 것입니다.

게다가 공민왕은 후사가 더욱 중요할 수밖에 없는 입장이었습니다. 자신과 대립하는 세력을 몰아내고 고려 개혁을 지속하기 위해서는 탄탄한 왕권의 기반이 되는 왕의 후계자가 필요했기 때문이지요.

그런데 신하들이 간청한 대상은 공민왕이 아니었습니다. 놀랍게도 신하들은 노국대장공주에게 찾아가 공민왕이 새 아내를 들이도록 요청의 말을 올렸습니다. 아마 신하들이 차라리 노국대장공주에게 부탁하는 게 낫다고 생각했을 만큼 공민왕은 또 다른 부인을 들이는 일에 완강히 반대했던 것으로 보입니다. 후계자가 필요한 공민왕의 입장과 사랑 사이에서 노국대장공주는 슬픈 고민에 빠져야 했지요.

역사적으로 볼 때 왕실에서 후사를 잇는 것은 매우 중요한 일이었습니다. 일부일처제가 기본이었던 고려에서도 국왕 만큼은 여러 명의 후비를 두었지요. 공민왕처럼 특별한 정치적 이유도 없이 후사가 없음에도 후비를 더 들이지 않은 것은 굉장히 이례적인 상황이었지요.

신하들의 간청을 들은 노국대장공주는 어떻게 반응했을까요? 노국대장공주는 슬픔을 삼키고 신하들의 요청을 받아들였습니다. 공민왕을 위한 선택을 내렸던 것이지요. 그렇게 공민왕은 노국대장공주와 결혼한 후 10년 만에 처음으로 또 한 명의 부인을 맞이하게 되었습니다.

하지만 공민왕이 다른 부인을 맞아들인 이후, 노국대장공주는 이전과 다른 이상한 행동을 보이기 시작했습니다.

> "이제현의 딸을 맞아 혜비로 삼았는데, 사실 왕의 뜻이 아니었고
> 공주도 다시 후회하며 음식을 먹지 않았다."
>
> 《고려사》 89권, 열전 공민왕 후비 휘의노국대장공주

막상 사랑하는 남편에게 또 다른 부인이 생기자 노국대장공주는 자신의 선택을 후회했다고 합니다. 결국 슬픔을 견디다 못해 식음을 전폐할 정도였지요.

그렇다면 공민왕은 다른 부인에게서 후계자를 보았을까요? 공민왕은 이때 들인 부인과도 아이를 낳지 못했습니다. 공민왕에게 아내는 여전히 노국대장공주 하나뿐이었던 것이지요. 오히려 다른 부인을 들이고 나서 마음 속에 노국대장공주에 대한 애틋함과 미안함이 더해지지 않았을까요?

위기에 처한 공민왕!
온몸으로 지켜낸 노국대장공주

새로운 후비를 들였지만 애정 전선에 이상 없음을 확인한 공민 왕과 노국대장공주에게 1361년 음력 10월, 목숨이 위태로워지는 사건이 터지고 말았습니다. 원나라 말기에 머리에 붉은 두건을 두르고 봉기한 한족漢族 반란군, 일명 홍건적이 무려 10만이라는 대규모 병력을 이끌고 압록강을 넘어 고려를 침략한 것이었지요. 홍건 적이 물밀듯이 밀려오자 공민왕 부부는 11월, 부랴부랴 개경을 떠나 몽진에 나섰습니다. 서로를 의지하고 보듬으며 고된 피난길을 견뎠을 공민왕과 노국대장공주가 피난 한 달 만에 도착한 곳은 경북 안동이었지요.

안동에서 한 달 동안 노심초사하며 지내던 공민왕과 노국대장 공주에게 마침내 기쁜 소식이 날아들었습니다. 고려군이 치열한 사투를 벌인 끝에 홍건적을 몰아내고 개경을 되찾았다는 소식이 었지요. 공민왕 부부가 드디어 수도 개경으로 돌아갈 수 있게 된 것이었습니다.

하지만 공민왕은 이내 깊은 고민에 빠졌습니다. 개경에 돌아가는 길이 여간 불안한 게 아니었거든요. 전란으로 민심은 흉흉했고, 더군다나 전쟁으로 이미 개경 궁궐은 파괴되어 있었거든요. 결국 공민왕과 노국대장공주는 바로 개경으로 돌아가지 않고 개경 근

영주 부석사 무량수전과 편액 고려 시대 목조로 지어진 경북 영주시의 사찰. 공민왕이 홍건적의 침입으로 안동으로 몽진해야 했을 때 귀경길에 직접 부석사의 무량수전의 편액을 썼다고 알려져 있다. 현존하는 우리나라 편액 중 가장 오래되었다. 한국학중앙연구원 제공.

처의 흥왕사라는 절에서 잠시 머물기로 했습니다.

그러나 공민왕 부부는 여기에서 또 한 번 절체절명의 위기를 맞닥뜨리게 됩니다. 공민왕이 흥왕사에 머문 지 한 달 남짓 지났을 어느 날 모두가 잠든 새벽 4시 경, 흥왕사 정문 앞에서 울린 비명 소리가 적막을 깨트렸습니다. 순식간에 문지기를 해치운 50여 명의 괴한들이 곧바로 공민왕이 머무는 침전으로 향했던 것이지요! 그들은 호위병마저 무참히 살해하고 유유히 지나갔습니다. 엄청난 기세로 밀어닥치는 괴한들에게 호위병마저 순식간에 제압당하자 흥왕사를 지키던 군사들은 혼비백산해 도망쳐 버렸습니다. 그야말로 공민왕이 죽음을 피할 길 없는 일촉즉발의 상황이었지요.

소란스러운 바깥 상황으로 습격을 알아챈 공민왕은 재빨리 밀실에 숨었습니다.

이때 노국대장공주도 공민왕을 따라 서둘러 움직였습니다. 하지만 노국대장공주는 공민왕이 숨은 밀실에 들어가지 않았습니다. 놀랍게도 밀실의 바깥에서 온몸으로 통로를 막아섰지요. 이윽고 칼을 뺀 괴한들이 공민왕이 있는 밀실 문 앞까지 들이닥쳤습니다. 노국대장공주는 괴한들을 향해 결연하게 외쳤습니다.

"여길 지나가려면 나부터 베고 가라!"

괴한들은 이러한 노국대장공주의 행동에 당황해서 어쩔 줄 몰랐습니다. 그들에게는 노국대장공주를 죽일 수 없는 분명한 이유가 있었기 때문입니다.

이 사건의 발단은 두 가지로 추측해 볼 수 있습니다. 첫 번째는 공민왕을 폐위시키려던 원나라가 사주했다는 것, 두 번째는 고려 내에서의 알력 다툼에 밀린 순군 책임자 김용이라는 인물이 반란을 일으켜 공민왕을 시해하고 원나라의 비호를 받으려 했다는 것입니다. 그러니 둘 중 무엇이 되었든 이 괴한들은 원나라를 명분 삼아 일을 벌였던 것이었습니다. 원나라를 믿고 들이닥친 이들이 과연 원나라 공주를 해칠 수 있었을까요? 당연히 불가능했습니다. 그렇기 때문에 온몸으로 밀실을 막고 있는 노국대장공주를 보고 어찌할 바를 몰랐던 거예요.

원나라만 믿고 공민왕을 해치려는 자들과 그들을 막아선 노국대장공주! 양쪽 모두 목숨을 걸었기에 누구도 물러설 수 없는 창과 방패의 싸움이었습니다. 그 순간, 홍왕사에 반란 세력이 들이닥쳤다는 소식을 들은 개경의 최영 장군이 고려군을 이끌고 홍왕사로 달려와 괴한들을 하나둘 쓰러뜨리기 시작했습니다. 다행히 공민왕이 털끝 하나 다치기 전에 반란군들은 제압되었지요. 말 그대로 노국대장공주가 온몸으로 공민왕을 지켜낸 덕분이었지요. 공민왕이 고려에서 몰아내려 했고 공민왕을 가장 위협했던 세력은 원나라였지만 아이러니하게도 결정적인 순간에 공민왕의 목숨을 살린 사람은 원나라의 공주 노국대장공주였던 것입니다.

행복의 정점에서
절망으로 추락하다

고려를 손아귀에 쥐고 흔드는 원나라의 위협은 여기서 그치지 않았습니다. 기황후가 공민왕에 대한 복수심과 고려 왕조를 기씨로 뒤바꾸기 위해 원나라군을 출정시켰던 사건을 떠올려 볼까요? 원나라는 마음대로 공민왕을 폐위하고 새로운 고려의 왕으로 임명한 덕흥군을 앞세워 약 1만 명의 원나라 군사를 출정시켰지요. 1364년 음력 1월 1일이 바로 그날이었습니다. 고려의 왕위를 둘러싸고 공민왕의 고려군과 덕흥군의 원나라군이 맞붙는 한 판! 최후의 승자는 누구였지요? 최영과 이성계를 필두로 한 고려군이었지요. 앞서 충혜왕, 충목왕, 충정왕을 자기 입맛대로 갈아치우던 원나라의 횡포에 고려가 승리의 쾌거를 만끽하는 순간이었습니다.

기쁨은 이어졌습니다. 생사의 고락을 넘으며 절체절명의 위기를 극복한 공민왕 부부에게 그 어떤 고단함도 한순간에 씻겨줄 희소식이 찾아왔지요. 결혼한 지 15년 만에 드디어 노국대장공주가 임신을 하게 된 것이었습니다. 공민왕이 그토록 기다렸던 소중한 아이였지요. 만약 아들이라도 태어난다면 왕위를 이어 공민왕의 뜻을 실현해 줄 후계자가 되어줄 것이었습니다.

공민왕 부부가 손꼽아 기다리던 그날, 노국대장공주의 진통이 시작되었습니다. 출산이 이뤄지는 방 안에서 노국대장공주의 비명이 울리기 시작했지요. 그런데 이상하게 시간이 아무리 지나도 노국대장공주의 비명이 멈추지를 않는 것이었습니다. 지독한 난산이었지요. 노국대장공주가 산고에 몸부림치는 시간은 점점 길어졌지요.

> "왕이 향을 사르고 단정히 앉아서 잠시도 그 곁을 떠나지 않았다."
>
> 《고려사》 89권, 열전 공민왕 후비 휘의노국대장공주

공민왕은 진통을 겪는 노국대장공주 옆에 향을 피우고 단정히 앉아 잠시도 그 곁을 떠나지 않았다고 합니다. 공민왕도 한 나라의

왕이기 전에 한 여자의 남편이자, 한 아이의 아버지로서 무척 불안하고 초조했을 테지요. 시간이 지나도 난산이 계속되자 공민왕은 사형수까지 사면하는 이례적인 명령을 내림으로써 하늘에 간절한 마음을 전했지요. 그러나 공민왕의 기도는 끝내 이뤄지지 않았습니다. 1365년 음력 2월 15일, 난산이 이어지며 노국대장공주와 배 속의 아이가 한순간 세상을 떠나버리고 말았지요. 가장 행복한 날이 될 줄 알았던 그날, 공민왕은 가장 소중한 존재 둘을 잃어버리는 최악의 날을 맞닥뜨리게 된 것이지요.

원나라에서부터 생사고락을 함께하며 언제나 자신을 지지해 주던 사랑하는 아내를 잃은 공민왕은 슬프고 서러워 어찌할 바를 몰랐습니다. 노국대장공주의 죽음 이후, 슬픔에 빠진 공민왕은 두고 두고 백성들의 원망을 받을 일까지 저질렀지요.

> "주춧돌 크기가 집채만 하였고 끄는 소리와 사람들이 내지르는 소리가 소가 우는 것 같았다. (…) 눌리거나 물에 빠져 죽은 자를 셀 수가 없었다."
>
> 《고려사》 41권, 공민왕 18년(1369) 9월

실의에 빠진 공민왕은 노국대장공주을 기리기 위해 대규모 무덤과 초상화를 모셔 놓을 영전을 짓도록 명령했습니다. 기록에 따르면 공사 규모가 어찌나 큰지 공사장으로 운반하는 주춧돌의 크기가 집채만 해서 끄는 소리와 사람들이 내지르는 소리가 소의 울음처럼 울려 퍼졌다고 하지요. 매일 이어지는 고된 노동과 공사장에서 일어난 잦은 사고로 인해 많은 백성이 목숨을 잃기도 했습니다. 이 때문에 왕사였던 신돈까지 나서 영전 사업을 말렸지만 공민왕은 듣지 않았습니다.

이렇게 수많은 희생을 요구하면서까지 공민왕은 왜 아내의 무덤과 영전을 화려하게 만들려고 했던 걸까요? 공민왕은 자신의 유일한 사랑이었던 노국대장공주에게 진심을 전하고 싶었던 것 같습니다. 직접 설계하고 감독할 정도로 정성을 쏟은 공민왕이 바랐던 만큼 9년에 걸쳐 조성된 노국대장공주의 무덤은 지금까지도 고려 왕릉 가운데 가장 아름다운 무덤으로 평가받고 있습니다.

게다가 공민왕은 노국대장공주의 무덤을 지으며 "노국대장공주 무덤 옆에 내가 묻힐 공간을 마련해 놓아라"라고 신하들에게 신신당부했다고 합니다. 그만큼 공민왕은 죽은 뒤에도 노국대장공주와 함께하기를 소원했던 것이었어요. 그래서 이 무덤은 보통의 무덤과 달랐습니다. 공민왕이 세상을 떠난 뒤 노국대장공주 옆에 나란히 묻히며 고려 시대 유일무이한 쌍릉이 되었지요.

공민왕 부부의 무덤 내부에는 다른 무덤에서 볼 수 없는 독특한 구조가 있습니다. 바로 두 무덤을 연결하는 통로가 나 있는 것이지요. 이 통로는 노국대장공주를 무척 사랑한 공민왕이 죽어서도 서로의 영혼이 오고 갈 수 있도록 만든 것으로 추측하고 있지요. 공

공민왕 부부의 능 북한 개성시 개풍군 소재. 개성만월대남북공동발굴디지털기록관 제공.

민왕은 한 쌍의 비익조처럼, 가지가 맞닿은 연리지처럼 노국대장
공주와의 사랑이 영원하기를 염원했습니다.

죽은 아내를 향한
그리움에 잠식되다

죽음조차 갈라놓지 못하는 불멸의 사랑을 꿈꾼 공민왕은 노국
대장공주를 향한 깊은 그리움 때문에 자신까지 병들어갔습니다.
어느 날, 공민왕이 식사하는 모습을 본 신하들은 충격을 금치 못했

습니다. 공민왕이 이상한 행동을 보이기 시작한 것이었어요.

> "왕은 공주의 진영과 마주앉아 밥을 권하기를 평소 살아있을 때처
> 럼 하였다."
>
> 《고려사》89권, 열전 공민왕 후비 휘의노국대장공주

　공민왕에게는 밤낮으로 마주하는 노국대장공주의 초상화가 있
었습니다. 심지어 이 초상화는 공민왕이 그리운 마음을 담아 직접
그렸다고 하지요. 공민왕은 밥을 먹을 때면 초상화와 눈을 맞추고,
대화도 나누며 마치 노국대장공주가 살아 있었던 때처럼 대했다
고 합니다.

　어느덧 시간이 흘러 노국대장공주가 죽은 지 8년이 지났습니다.
이후 공민왕은 후비를 얻었지만 그때까지도 노국대장공주를 그리
워하며 다른 아내들을 가까이하지 않았습니다. 그 모습을 보다 못
한 어머니 명덕태후가 아들 공민왕에게 물었습니다.

　"어찌하여 비빈들을 가까이하지 않습니까."

　그러자 공민왕은 눈물을 흘리며 슬픈 목소리로 말했습니다.

　"공주만한 여자가 없습니다."

　오랜 시간이 지나도 그녀에 대한 그리움이 옅어지기는커녕 공
민왕의 마음 한편의 빈자리는 점점 커져만 가고 있던 것이었습니
다. 고려를 재건하겠다는 공민왕의 굳은 마음도 점점 꺾여가는 듯

했습니다.

모든 의욕을 잃은 것 같았던 공민왕은 이 무렵 궁중에 기관을 하나 설치했습니다. 그 기관은 '아들 자子', '아우 제弟', '지킬 위衛'를 써서 '자제위'라 이름 붙였지요. 왕권을 강화하고 왕의 호위를 맡기기 위해 궁중에 설치한 기관이었습니다. 공신이나 고위 관직자의 자제를 뽑아 경호 집단으로 키우는 게 목적이었지요. 그런데 공민왕이 자제위를 뽑은 데에는 경악을 금치 못할 또 다른 목적이 있었습니다.

> "나이가 어리고 예쁜 용모를 가진 자들을 선발하여 여기에 속하게 하고 (…) 항상 스스로 부인의 모양으로 화장을 하고 먼저 어린 내비를 방 안으로 들여 그 얼굴을 보자기로 가리게 하고는 김홍경 및 홍륜 무리를 불러들여 난잡한 행위를 하게 했다."
>
> 《고려사》 43권, 공민왕 21년(1372) 10월 1일

공민왕이 나이가 어리고 예쁘장한 미소년들을 자제위로 선발해 그들과 함께 난잡한 행위를 벌였다는 것이었습니다. 갑자기 돌변한 공민왕의 충격적인 행동은 이뿐만이 아니었어요. 공민왕은 스스로 여장을 하고 자제위와 어울려 놀고, 자제위의 음란한 행동을 옆방에서 지켜보기까지 했다고 합니다. 공민왕은 노국대장공주가 죽고 완전히 다른 사람이 된 듯했지요.

원나라에 맞서던
개혁 군주의 슬픈 말로

1374년 음력 9월 21일, 45살이 된 공민왕에게 깜짝 놀랄 만한 소식이 들려왔습니다. 공민왕이 그토록 간절히 바랐던 후사에 대한 소식이었지요. 공민왕의 후비 중 하나였던 익비가 임신을 한 것입니다. 그런데 충격적이게도 익비가 임신한 아이의 아빠는 공민왕이 아니었습니다. 공민왕이 아끼던 자제위 중 하나, 바로 홍륜이라는 인물이었어요.

> "누구와 관계를 가졌더냐?"라고 묻자, 최만생이 말하기를, "익비가 홍륜이라고 하셨습니다"라고 하였다. 왕이 말하기를, "내일 창릉을 알현하고 거짓으로 술자리를 베풀어 홍륜 등을 죽여서 입을 막을 것이다. 너도 이 계획을 알고 있으니 모면할 수 없을 게야"라고 하였다.
>
> 《고려사》 131권, 열전 반역 홍륜

그런데 여기에는 더 충격적인 진실이 숨어 있었습니다. 익비와 홍륜이 바람을 피운 게 아니라, 공민왕이 직접 자제위와 자신의 부인들이 동침하도록 시켰던 것이었습니다.

공민왕은 후사를 이어야 한다는 압박감에 시달렸던 것으로 보입니다. 그 누구라도 아들을 낳으면 자신의 아이로 둔갑시키려고 했던 것이지요. 그래서 익비 배 속의 아이가 홍륜의 자식인 것을 아는 관계자들을 모조리 죽이기로 결심했던 것이었습니다.

공민왕의 계획은 과연 성공할 수 있었을까요? 공민왕이 익비의 임신 소식을 들은 그날 밤, 공민왕은 자신의 처소에서 잔인하게 시해당했습니다. 공민왕을 죽인 범인은 공민왕이 자신을 죽이려는 것을 알게 된 홍륜과 다른 자제위들이었지요. 공민왕이 자신을 치기 전에 홍륜이 먼저 움직여 공민왕을 제거했던 것입니다.

공민왕의 기행과 마지막 모습은 조선 건국 이후 기록된 《고려사》 등의 사료에 등장한 것입니다. 따라서 정말로 공민왕이 자제위를 통해 후사를 보고자 한 것이 사실인지는 알 수 없지요. 하지만 왜곡이 있다 하더라도 그만큼 절박했던 공민왕의 상황을 엿볼 수 있는 대목이기도 합니다. 고려의 마지막 개혁 군주였던 공민왕은 이처럼 비극적인 말로를 맞이했지요.

100여 년간 고려를 좀먹었던 원 간섭기, 원나라에 공물이나 공녀를 상납하고 원나라에 의해 국왕이 바뀔 만큼 휘청거렸던 고려를 다시금 재건하려던 왕이 있었습니다. 그는 고려인의 생활 깊숙이 스며들었던 변발과 호복과 같은 원나라의 풍습을 가장 먼저 벗어버리고, 친원파를 제거하고, 원나라에 빼앗겼던 영토를 수복하며 자주적인 나라, 고려를 바로세우고자 고군분투했지요. 원나라 황실에 대한 충성을 다한다는 뜻으로 '충'이 붙었던 원 간섭기의 다른 선왕들과 달리, 공민왕부터는 '충'자가 들어가지 않는 시호를 쓰는 것을 보아도 역사에서 공민왕을 개혁 군주로 인정한다는 증거겠지요.

그리고 그 옆에는 공민왕이 그토록 벗어나고자 했던 원나라의 공주인 노국대장공주가 있었습니다. 자신의 모국에 맞서는 공민왕을 고려의 왕비로서 믿고 지지했지요. 고려를 속박시키려던 원나라와의 관계를 끊고, 재건을 꿈꾼 공민왕에 대해 고려 역사를 정리한 사관은 이렇게 평가합니다. "공민왕은 노국대장공주가 죽은 이후 슬픔이 지나쳐 뜻을 잃어버렸다." 피바람이 불던 고려 말, 개혁 군주 공민왕의 곁에는 죽어서도 끊어내지 못할 사랑이 있었습니다.

7장

벌거벗은 정치가 승려

김인호(광운대학교 인제니움학부 교수)

노비에서 왕의 오른팔이 된
신돈의 최후

고려 말, 백성들 사이에 신기한 소문이 퍼지기 시작했습니다. "진짜 성인이 나타났다!"라는 말이었지요. 이 시기 고려는 외세의 잦은 침략과 부패한 관료들로 인해 정치가 문란해졌습니다. 삶이 팍팍해지자 백성들 사이에 미래의 길흉화복을 예언하는 도참설과 석가모니가 열반에 든 후 중생을 구제해 주기 위해 미륵불이 나타난다는 미륵신앙이 널리 퍼지기도 했지요.

정치가 문란해진 고려 말 참담한 현실을 바꾸기 위해 정말로 성인이 나타난 것일까요? 이 소문의 주인공은 억울하게 노비가 된 백성을 해방시키고, 빼앗긴 농민의 땅을 되돌려주었다고 합니다. 고려 백성들의 칭송을 한 몸에 받았던 이 인물의 이름은 신돈이었습니다.

신돈은 고려 백성에게 세상만사를 통달한 지혜로운 사람이자 성인이라 찬양받으며 엄청난 인기를 끌었습니다. 백성뿐만 아니라 고려 제31대 왕 공민왕의 오른팔이 되어 함께 개혁을 이끌면서 왕의 무한한 신임을 받기도 했지요. 이렇게 대단한 인물인 신돈의 정체는 과연 무엇이었을까요? 다름 아닌 승려였습니다.

그런데 공민왕의 두터운 신뢰와 고려 백성의 존경과 사랑을 받았던 신돈은 느닷없이 죽음을 맞이했습니다. 더 충격적인 사실은 그가 죽임을 당한 후, 공민왕은 신돈의 사지를 갈기갈기 찢으라고 명하기까지 했다는 것입니다. 공민왕은 왜 오른팔이던 승려 신돈을 버렸던 걸까요? 고려 백성에게 사랑받았던 신돈은 대체 왜 이렇게 끔찍한 죽음을 맞이하게 된 걸까요? 미스터리 그 자체였던 승려 신돈의 인생을 낱낱이 벗겨보겠습니다.

논산 관촉사 석조미륵보살입상 높이가 18미터에 이르는 국내 최대 석불로, 이 불상에 기도하면 모든 소원이 이루어졌다고 전해진다. 우리나라에 불교가 전래된 이후 미륵신앙은 삶이 팍팍해질 때마다 백성들 사이에 우후죽순으로 퍼졌다. 한국학중앙연구원 제공.

절에서 태어난 아이
차별받는 삶

1300년대 초 고려의 계성현, 지금의 경남 창녕의 옥천사라는 절에서 갓 태어난 아이의 우렁찬 울음소리가 들려왔습니다. 이 절에서 태어난 아이가 신돈이었지요. 신돈은 왜 절에서 태어난 걸까요? 신돈의 어머니가 옥천사의 노비였기 때문입니다. 옥천사의 노비였던 신돈의 어머니가 불공을 드리러 온 신씨 성을 가진 한 유지有志와 사랑에 빠졌고 임신하게 되어 절에서 아이까지 낳게 된 것이지요. 부모 중 한쪽 신분이 천민일 경우 그 아이도 천민이 되는 고려의 원칙에 따라 신돈의 삶은 노비로 시작되었습니다.

그러던 어느 날 옥천사의 노비 신돈은 불현듯 승복을 입고 승려로 탈바꿈하게 됩니다. 자세한 기록이 남아 있지 않지만, 인근 영산현의 유지였던 신돈의 아버지가 옥천사에 몸값을 지불하고 신돈을 노비 신분에서 해방시켰다는 주장도 있고 신돈이 절에서 잡일을 하면서 승려처럼 행세했다는 추정도 있습니다. 어찌 되었든 노비가 아닌 승려로서 새 삶을 삶게 된 신돈은 '무한한 빛이 널리 비친다'는 의미인 '편조遍照'라는 새 이름으로 불리게 되었지요.

불교 국가였던 고려에서 승려는 사회적으로 지위가 무척 높았습니다. 무려 왕가에서도 출가해 승려가 되는 경우도 있었지요. 신돈 역시 노비로 살았던 과거를 지우고 승려로서 새 삶을 살아갈 수 있었을까요? 안타깝게도 신돈의 생활은 여전히 힘들었습니다. 옥천사의 몇몇 승려들이 노비 출신인 신돈을 동료로 인정하지 않았기 때문입니다. 그들은 신돈을 괄시하며 따돌리기까지 했습니다. 신분은 승려가 됐지만, 오히려 같은 승려에게 차별을 받게 된 것이었지요.

옥천사의 승려들에게 멸시를 받던 신돈은 이내 으슥한 무덤가를 떠돌기 시작했습니다. 그러더니 배회하던 무덤가에서 조심스럽게 흙을 파내 넓은 구덩이에 무언가를 쏙 넣는 게 아니겠어요? 그건 다름 아닌 죽은 사람의 시신과 뼛조각이었습니다.

"신돈은 당초 매골승이었다."

이달충, 《제정집》

고려 말 문신 이달충의 문집 《제정집》에 따르면 신돈은 매골승의 삶을 살았다고 합니다. 매골승은 '묻을 매埋', '뼈 골骨', 글자 그대로 '뼈를 묻는 스님', 즉 죽은 사람의 시신을 수습하고 매장하는 승려를 말합니다.

당시 고려는 왜구와 홍건적의 잦은 침략에 시달리고 있었습니다. 전란으로 죽은 사람뿐만 아니라 굶어 죽거나 질병에 걸려 죽은 사람도 셀 수 없이 많았지요. 사람들이 전염병을 우려하며 시신 매장을 기피하자 매골승이 방치된 시신을 수습하고 고인의 넋을 달래주며 명복을 빌어주었지요.

대부분의 승려들은 고된 매골승 일을 하고 싶지 않아 했습니다. 그래서 출신이 미천했던 신돈이 시신을 매장하는 매골승의 일을 도맡았던 것이지요. 매골승이 된 신돈은 죽은 자들을 수습하러 전국 방방곡곡을 떠돌게 되었습니다.

그렇게 각지로 돌아다니던 신돈의 눈에 포착된 사람들이 있었으니, 그들은 고려 말 엄청난 부와 권력으로 조정을 좌지우지하던 권문세족이었습니다. 고려 전기에 개경을 중심으로 한 문벌 세력이 권세를 잡았다면 그 권력은 1170년 무신정변으로 무신들에게 넘어갔다가 고려 말에는 권문세족이 차지했습니다. 권문세족은 원 간섭기에 친원 정책을 펼치면서 원나라의 비호 아래 고려에서 점차 세력을 키워갔지요. 고려의 주요 관직을 두루 거치며 권력을 차지한 권문세족은 매관매직을 일삼으며 부정부패의 끝을 달리고 있었습니다.

권문세족은 권력을 이용해 고려 백성들을 가혹하게 착취했습니다. 백성들의

이인임 고려 말 대표적인 권문세족으로, 홍건적을 격퇴하고 공민왕을 폐하려는 원나라군을 물리치는 데 기여하며 출세가도를 달렸다. 《고려사》에 기록될 정도로 이인임을 필두로 한 권문세족은 온갖 권력형 비리를 일삼았다. 한국학중앙연구원 제공.

토지를 불법적으로 빼앗는 경우가 부지기수였지요. 나라를 돌보는 데엔 관심 없고 빼앗은 토지로 대규모 농장을 경영하면서 고려가 쇠약해진 틈을 타 자신들의 부를 불리는 데 혈안이었습니다. 권문세족이 차근차근 넓힌 땅이 어찌나 넓었던지 역사서에서는 그 토지가 광대하여 "산과 강을 경계로 삼았다"라고 할 정도였지요.

매골승 신돈은 그런 권문세족의 횡포를 제대로 목격했지요. 그리고 전국을 떠돌며 처절한 백성들의 삶을 보며 신돈은 한 가지 사실을 깨닫게 됩니다. 바로 세상 곳곳에 자신처럼 힘든 사람들이 무척이나 많다는 사실이었지요.

거리를 떠돌던 신돈과
공민왕의 운명적인 만남

전국 방방곡곡을 떠돌던 신돈은 어느 날 고려의 수도인 개경까지 다다르게 되었지요. 고려의 수도에 도착한 신돈은 누군가를 만나고 싶다는 꿈을 가집니다. 신돈이 만나고 싶었던 인물은 고려의 제31대 왕 공민왕이었지요. 이 시기 공민왕은 원나라에서 케식 생활을 마치고 고려로 돌아와 있었습니다. 권문세족의 전횡을 목격했던 신돈은 왕 곁에서 부조리한 세상을 바꿔보고 싶다고 생각하지 않았을까요?

이 시기, 공민왕도 신돈과 비슷한 생각으로 고민의 나날을 보내고 있었습니다. 공민왕은 원나라의 간섭에서 벗어나 강력한 왕권을 구축하고 자주적인 고려를 만들려는 꿈을 꾸고 있었거든요. 기황후의 친오빠인 기철 숙청을 시작으로 대대적으로 친원 세력을 처단하던 공민왕 역시 그들의 만만찮은 권세와 대립하느라 매일매일 살얼음판을 걷는 기분이었겠지요.

그러던 1358년 캄캄한 밤, 공포에 질린 공민왕의 목소리가 궁안에 울려 퍼졌습니다.

"제발! 나를 살려주게!"

대체 공민왕에게 무슨 일이 벌어진 걸까요? 어둠 속에 홀연히 나타난 괴한이 공민왕에게 달려든 것이었습니다. 그는 시퍼런 칼을 들고 공민왕을 위협하기 시작했습니다. 자칫 공민왕이 시해될 수 있는 일촉즉발의 상황이었습니다. 그때 저쪽에서 누군가의 다급한 발소리가 들려왔지요. 그리고 공민왕 앞에 깡마른 몸에 허름한 옷을 입은 남자가 등장했습니다. 그는 공민왕을 위협하던 괴한을 거침없이 쓰러뜨리고 공민왕을 구해주었지요.

잠시 후, 공민왕은 침상에서 번쩍 눈을 떴습니다. 극한 압박감에 시달리던 공민왕이 끔찍한 악몽을 꾼 것이었지요. 꿈에서 깨어난 공민왕은 온몸이 식은땀으로 흠뻑 젖었고 팔에는 소름이 돋아나 있었습니다. 꿈속에서 본 광경이 너무나도 생생했거든요.

찜찜한 꿈을 꾼 다음 날, 공민왕은 어머니 명덕태후의 처소를 찾아갔습니다. 그리고 어머니께 간밤의 악몽에 대해 털어놓았지요. 그런데 이때 명덕태후의 처소에 찾아온 누군가를 보고 공민왕은 깜짝 놀라 다리가 풀릴 뻔했습니다.

> "공민왕의 꿈에 어떤 사람이 칼을 뽑아 자기를 찔러 죽이려고 하는데, 어떤 승려가 구해주어서 모면한 적이 있었다. 다음 날 태후에게 고하고 있을 때, 마침 김원명이 신돈을 알현시키는데 그 모습이 매우 닮았다."
>
> 《고려사》 132권, 열전 반역 신돈

꿈속에서 본 남자가 공민왕의 눈앞에 떡하니 나타났기 때문이었습니다. 바로 신돈이었습니다. 꿈에서 본 사람이 실제로 나타나니, 공민왕은 신돈을 눈여겨볼 수밖에 없었겠지요. 게다가 몇 마디 말을 나눠보니 신돈은 총명하기까지 했지요. 이후 공민왕은 신돈을 여러 차례 궁궐로 불러들이기 시작했습니다. 그리고 함께 불교의 이치를 나누며 시간을 보냈지요. 공민왕은 자신의 눈앞에 운명적으로 나타난 승려 신돈에게 마음을 홀랑 빼앗기고 말았습니다.

어떻게 이렇게 운명적인 만남이 성사되었던 걸까요? 신돈을 공민왕에게 소개했다는 김원명은 공민왕이 기철을 비롯한 친원 세력을 제거할 때 도움을 주며 생사고락을 함께한 공신이었습니다. 그러니 공민왕과 가까우면서도 신임받던 신하였지요.

신돈과 공민왕의 만남, 여기에는 여러 가지 추측이 있습니다. 먼저 매골승으로 거리를 떠돌던 신돈이 우연히 김원명을 만나게 되었다는 설이 있지요. 김원명이 공민왕과 가까운 사이라는 것을 알고 신돈이 일부러 그에게 접근했다는 추측입니다.

두 번째로 김원명은 핑계일 뿐, 공민왕이 신돈을 절에서 만나 눈여겨보았을 것이라는 추측도 있습니다. 공민왕이 엄청난 불교 신자였거든요. 절에서 본 신돈과 이야기를 나눠보니 말이 잘 통하고 매력적인 인물이라 여겨 공민왕이 궁궐로 데리고 왔을 수도 있습니다. 무엇이 사실인지 알 수는 없지만, 공민왕과 신돈은 이 만남 이후로 급속도로 가까워집니다. 두 사람의 얽히고설킨 역사에 첫 단추가 끼워진 날이었지요.

암살 위협
다시 시작된 떠돌이 생활

매골승 생활을 하며 거리를 떠돌던 경험 때문이었을까요? 신돈은 사람의 마음을 읽는 능력이 탁월했다고 합니다. 신돈은 고려에서 강력한 왕권을 구축하고 싶었던 공민왕의 마음을 누구보다 잘 알고 있었습니다. 아마 무어라 설명하기도 전에 신돈은 공민왕의 마음을 곧잘 읽었던 게 아닌가 싶습니다. 공민왕이 자신과 말이 통하는 신돈을 점점 더 총애하기 시작했거든요.

사실 이 시기 공민왕은 무엇보다 자신이 믿고 의지할 만한 정치적 파트너가 절실했습니다. 원의 간섭을 끊어내고 고려에서 개혁을 단행하려 했으니 이 뜻을 함께 실현시킬 세력이 필요했던 것이지요.

그러던 중 유학자의 대부이자 정계의 거물로 불리던 정치가 이제현이 공민왕을 찾아왔습니다. 그가 공민왕을 찾아온 이유는 놀랍게도 신돈을 가까이하지 말라는 말을 하기 위해서였지요.

> "전에 신돈을 한 번 본 적이 있는데 그 골격이 옛날 흉악한 사람과 비슷하여 반드시 후환을 끼칠 것이니 가까이 하지 마시옵소서."
>
> 《고려사》 110권, 열전 제신 이제현

한마디로 신돈의 관상이 별로라며 비난했던 것입니다. 또 다른 신하들은 신돈을 두고 이런 말까지 했습니다.

"이 까까머리는 반드시 국가를 어지럽힐 놈이다!"

"왕을 홀린 요사스러운 승려다!"

이처럼 관상까지 트집을 잡으며 신하들은 신돈을 향해 대놓고 비난을 쏟아냈지요. 공민왕의 총애를 받는 신돈인데, 왜 이렇게 신하들에게 미움을 받았을까요?

권력을 얻는 좋은 방법은 가장 높은 자리에 있는 권력자와 물리적으로 가까이 있는 것이겠지요. 그야말로 듣도 보도 못한 승려가 불쑥 나타나 공민왕에게 두터운 신임을 받고 있으니 신하들은 자신들이 누리고 있던 특권이나 권력을 신돈이 차지할까 봐 두려웠던 것입니다. 권력을 쥐고 있는 기득권층은 신돈을 극도로 경계했지요.

신돈에 대한 반발이 높아지던 어느 날, 공민왕은 신돈을 궁궐로 불러들이고는 대뜸 이렇게 말했습니다.

"지금 당장 궁을 떠나시오!"

청천벽력 같은 공민왕의 명령에 신돈은 화들짝 놀랐습니다. 대체 왜 공민왕은 아끼던 신돈을 궁 밖으로 내치려 한 걸까요? 누군가가 신돈을 암살하려고 한다는 정보를 입수했기 때문이었습니다. 신돈을 지키기 위해 몰래 위험을 알리고 급하게 궁을 떠나도록 한 것이었지요.

모처럼 뜻이 맞는 자를 만났는데 그를 떠나보내야 하는 공민왕의 심정은 어땠을까요? 신돈 역시 꿈에 그리던 고려의 국왕을 만났는데 갑작스럽게 궁을 떠나야 했으니 큰 무력감을 느꼈겠지요. 이제 겨우 뜻이 통하는 사람을 만나 나라를 바꿔볼 수 있나 했는데 모든 계획은 물거품이 되고 목숨을 위협받는 상황에 처한 것이었습니다. 신돈은 아쉬운 마음을 뒤로한 채, 자신을 암살하려는 이들을 피해 개경을 떠날 수밖에 없었습니다. 다시 떠돌이 승려가 되어 전국을 돌아다니는 처지가 되었지요.

엎친 데 덮친 격!
혈혈단신의 공민왕

신돈이 떠밀리듯 궁궐을 빠져나가고 얼마 지나지 않아 고려의 영토는 이내 쑥대밭이 되고야 맙니다. 1361년, 공민왕과 노국대장 공주가 피난길에 올라야만 했던 그 사건 때문이었지요. 홍건적이 압록강을 넘어 고려의 땅에 침공한 것입니다.

다행히 고려의 명장 이성계와 최영 덕분에 홍건적을 물리쳤지 만 공민왕은 심기가 거슬렸습니다. 전란의 영웅으로 떠오른 두 장 군을 따르는 세력이 빠르게 늘었거든요. 강력한 왕권을 바랐던 공 민왕에게 신흥 무인 세력은 크나큰 걸림돌이었지요.

무인들은 외적을 물리친 공으로 인해 고려 정계에서 목소리가 커졌으며, 스스로 군인을 동원할 수 있는 무력이 있었습니다. 이 들은 일종의 이성계와 최영의 사병과도 같은 존재였지요. 이전에 100년 동안 무신이 정권을 장악했던 시기를 겪은 고려였으니 왕의 입장에서 무인 세력의 성장은 신경이 곤두설 수밖에 없는 상황이 었겠지요.

입지가 좁아지던 공민왕에게 엎친 데 덮친 격으로 거대한 보호 막마저 사라지고 맙니다. 1365년, 공민왕의 아내 노국대장공주가 아이를 낳다가 난산으로 죽고만 것이었습니다. 고려와 원나라 사 이에서 방패막이 되어주던 노국대장공주가 사망한 이상 공민왕은 원나라가 언제라도 무력으로 자신을 폐위시킬 수도 있는 위기 상황을 맞닥뜨린 거예요.

대외적으로는 홍건적의 난과 왜구의 침입으로 쑥대밭이 된 전란의 고려를 정리해야 하고 대내적으로는 권문세족과 신흥 무인 세력 사이에서 위축된 왕권을 강화해야 하는 공민왕은 어깨가 무거웠겠지요. 공민왕은 그 어느 편에도 휘둘리지 않는 새로운 인물을 찾아내야만 했습니다. 무엇보다 친원 세력이 대거 포진한 권문세족의 눈을 피해 고려 개혁을 이끌어나갈 대리인이 간절히 필요했지요. 이때 공민왕의 머릿속에 한 남자의 얼굴이 스쳐 지나갔습니다. 약 7년 만에 머릿속에 떠오른 인물, 바로 신돈이었습니다.

정치가 승려의 탄생
고려 핵심으로 우뚝 서다

공민왕을 만나기 전에 신돈은 전국 각지를 떠도는 매골승이었지요. 공민왕의 입장에서 권력이 없는 신돈은 오히려 개혁을 수행하기에 적합한 인물이었습니다. 권문세족이나 신흥 무인 세력처럼 어느 편에 속해 있는 인물이 아니었으니까요. 공민왕은 주변 세력이 없는 신돈을 왕의 대리인으로 앞세워 개혁을 단행해 왕권을 강화할 심산이었던 것이지요.

1365년 음력 5월, 신돈은 공민왕의 부름으로 7년 만에 궁궐에 돌아왔습니다. 공민왕은 다시 만난 신돈에게 이렇게 부탁했지요.

"왕사王師가 되어주지 않겠나?"

'왕사'는 왕의 스승을 뜻합니다. 한마디로 공민왕이 신돈에게 왕의 사부가 되어달라고 제안한 거예요. 7년 만에 궁궐로 돌아온 신돈은 공민왕의 제안에 뭐라고 답했을까요? 고민에 고민을 거듭하다가 공민왕의 청을 받아들였습니다.

> "왕이 청한거사淸閑居士라는 호를 하사하고 사부라 칭하며 국정을 자문하니, 사람들이 많이 그에게 붙었다."
>
> 《고려사절요》 28권, 공민왕 14년(1365) 5월

공민왕은 신돈을 왕의 사부라 칭하며 국정을 의논하고 그에게 학문을 배우기 시작했습니다. 특히 중요한 정책을 펼칠 때마다 그에게 자문을 구하기도 했지요. 신돈은 왕사가 된 후 얼마 지나지 않아 같은 해 12월에 또 다른 어명을 받았습니다.

> "신돈을 수정이순논도섭리보세공신, 벽상삼한삼중대광, 영도첨의사사사, 판감찰사사, 취성부원군, 제조승록사사 겸 판서운관사로 삼았다."
>
> 《고려사절요》 28권, 공민왕 14년(1365) 12월

이는 전부 관직의 이름입니다. 공민왕이 신돈에게 무려 7개의 관직을 동시에 내려준 것이었습니다! 고려에 승려 출신 정치인이 탄생한 전무후무한 순간이었지요.

공민왕이 신돈에게 내려준 7개의 관직이 무엇인지 한번 자세히 살펴볼까요. 먼저 '영도첨의사사사領都僉議使司事'는 행정부 총책임자를 뜻합니다. 조선으로 치면 영의정이라고 할 수 있고 오늘날에는 국무총리 격이라고 볼 수 있지요. '판감찰사사判監察司事'는 말 그대로 국정이나 신하들을 감찰하는 사람으로, 요즘으로 치면 감사원장의 역할을 한다고 보면 됩니다. 감사를 비롯해 관리들을 감독하고, 또 인사에 관여할 수 있는 권한까지 얻게 된 것입니다. '제조승록사사提調僧錄司事'는 불교계의 관직을 임명하는 수장을 뜻하며, '판서운관사判書雲觀事'는 음양 천문관의 총책임자로 요즘으로 치면 기상청장 격입니다. 그 외에 3개의 관직은 일종의 명예직으로 볼 수 있어요.

공민왕은 국가의 주요 관직을 몽땅 신돈 한 사람에게 내려줬습니다. 이러한 공민왕의 선택은 상상도 못할 엄청난 일이었습니다. 고려 말, 권문세족의 전횡으로 정치가 문란해지긴 했지만 고려의 정치는 엄연히 관리와 귀족의 영역이었습니다. 왕사인 신돈의 역할은 정신적인 지도자에 국한되어 있었지요. 그런 신돈이 하루아침에 고려 정치판의 핵심 인물로 떠오른 것입니다.

고려의 요직을 전부 신돈에게 내린 공민왕의 의도는 신돈에게 실질적인 힘을 주겠다는 의미였습니다. 승려였던 과거는 벗어버리고 세속인으로서, 그것도 고려의 왕 옆에서 대리인 업무를 수행하도록 그에 걸맞은 힘을 내려준 것이지요. 이는 권문세족과 신흥 무인 세력에 대응할 수 있는 엄청난 힘이었습니다. 공민왕은 신돈이 왕의 권위에 버금가는 권력자가 되어 자신의 개혁에 힘을 실어주길 바랐겠지요.

이러한 공민왕의 제안, 신돈은 어떻게 받아들였을까요? 신돈은 왕사를 제안받았던 때와 달리 단칼에 거절합니다. 그 이유는 기록에서 찾아볼 수 있습니다.

> "일찍이 듣건대, 국왕과 대신이 참소하고 이간하는 말을 많이 믿는다고 하니, 삼가며 이와 같이 하지 않는다면 이에 세상을 복되고 이롭게 할 수 있을 것입니다."
>
> 《고려사절요》 28권, 공민왕 14년(1365) 12월

공민왕과 신돈이 처음 만났던 7년 전, 신하들의 반응이 어땠었나요? 그저 공민왕이 가까이 두기만 했을 뿐인데 신하들의 반발이 엄청났잖아요. 그때 신돈은 쥐도 새도 모르게 암살당할 뻔했지요. 그런데 이번에는 신돈에게 정치, 인사, 행정, 종교까지 왕 바로 아래에서 가질 수 있는 권한을 모조리 준다는 상황이잖아요. 신돈이 고려의 정치 전면에 나설 경우, 신하들이 가만히 두고만 보고 있을

까요? 그러니 신돈은 공민왕에게 "신하들이 뒤에서 나를 이간질 하는 이야기를 믿으면 안 된다! 그리고 신하들이 내 목숨을 위협 하지 못하게 단속해 달라!"라고 단단하게 못을 박아두려고 했습니 다. 자신이 정치 전면에 나서도 안전하도록, 공민왕이 보호막이 되 어줄 것을 부탁한 것이지요.

나아가 신돈은 공민왕에게 뜻밖의 제안을 하나 했습니다. 공민 왕에게 자신을 배신하지 않겠다는 서약서까지 쓰라고 한 것이었 지요. 왕에게 맹세할 것을 약속하라니, 공민왕은 신돈의 제안을 받 아들였을까요? 놀랍게도 공민왕은 이를 받아들였습니다. 그것도 신돈이 보는 앞에서 직접 붓을 잡고 서약서를 썼지요.

> "대사는 나를 구하고 나는 대사를 구하여, 죽고 사는 것을 이로써 할 것이며 사람들의 말에 의혹되지 않을 것임을 부처와 하늘이 증 명할 것이다."
>
> 《고려사》132권, 열전 반역 신돈

공민왕은 신하들의 말에 휘둘리지 않고, 방패막이 되어줄 것을 약속했습니다. 약속까지 받아낸 뒤에야 신돈은 왕의 대리인으로 정치 일선에 나서라는 공민왕의 명을 받아들였지요.

공민왕은 뒷배가 없는 신돈을 이용해 고려를 개혁하려 했고 신 돈은 공민왕이 준 권력으로 출세도 하고 힘든 세상을 제대로 뒤집어야겠다고 결심했습니다. 공민왕과 신돈, 두 사람의 정치적 계산이 맞아떨어진 것입니다.

첫 번째 개혁의 칼날
전민변정도감 설치

1366년 음력 5월, 공민왕과 의기투합한 신돈은 거리 곳곳에 포고령을 붙이며 본격적으로 개혁의 포문을 열었습니다.

> "근래에 기강이 크게 무너져서 탐욕을 부리는 것이 풍습이 되었으며, (…) 사람들이 대대로 업으로 이어온 전민田民을 호강한 집에서 거의 다 빼앗아 점유하였다. 일부는 이미 판결이 났는데도 그대로 가지고 있고 일부는 백성을 노예로 만들기도 하였으며 (…)"
>
> 《고려사》 132권, 열전 반역 신돈

포고문의 내용은 힘센 집안, 즉 권문세족이 농사를 생업으로 삼은 백성들의 것들을 빼앗아 그들을 병들게 하고 또 나라를 힘들게 하고 있으니 이를 바로잡겠다는 의미였지요. 신돈이 거리 곳곳에 이런 포고령을 붙인 데에는 이유가 있었습니다. 이때 신돈이 개혁을 위해 설치한 기구가 있었거든요. '토지 전田', '백성 민民', '분별할

변辨', '정돈할 정整', 여기에 나라의 중요한 현안을 해결하기 위해 만든 임시 관청을 뜻하는 '도감都監'을 합하여 '전민변정도감'이라 이름 지었지요. 토지와 백성의 실태를 정확히 조사해 바로잡기 위한 기구였습니다.

앞서 권문세족이 강제로 백성들의 토지를 강탈해 대토지를 소유했다고 말했지요? 이뿐만 아니라 권문세족은 백성들을 강제로 노비로 삼기도 했습니다. 대규모 농장을 경작하려면 많은 노동력이 필요하겠지요. 그 과정에서 일반 양인을 억지로 노비로 만들었던 것입니다. 이 현상을 '누를 압壓', '어질 량良', '할 위爲', '천할 천賤'을 써서 '압량위천'이라고 합니다.

이에 신돈은 강압적으로 노비가 된 억울한 평민, 부당하게 빼앗긴 토지, 이 두 문제를 해결해 주겠다고 선언한 것이지요. 그야말로 전민변정도감은 권문세족을 겨냥한 것이었습니다.

포고령이 붙은 뒤, 어떤 일이 벌어졌을까요? 억울한 사연을 가진 백성들이 전민변정도감으로 구름떼처럼 몰려왔습니다. 신돈이 권세가의 불법 토지 소유와 압량위천 문제를 해결하겠다고 나섰으니, 그동안 권문세족의 눈치를 보던 사람들이 빼앗긴 토지와 신분을 되찾겠다며 행동하기 시작한 것이지요. 신돈은 직접 판사가 되어 억울한 백성들의 손을 들어줬습니다.

사실 공민왕은 한 차례 변정도감을 만들었던 이력이 있습니다. 그런데 그때는 효과를 보지 못했어요. 홍건적과 왜구의 잇단 침략 때문이었습니다. 전란으로 호적과 노비 문서가 불타버렸거든요. 신돈은 공민왕이 개혁을 추진하는 이때야말로 전민변정도감을 부활시켜야 할 시기라고 생각했겠지요.

권문세족의 목에 칼을 겨누는 신돈의 파격적인 개혁 정책! 과연 결과는 어땠을까요? 전민변정도감을 통해 권문세족이 강제로 빼앗은 토지는 본래의 주인에게 돌아갔고, 강제로 노비가 된 이들 역시 해방되었습니다. 상황이 이러니 백성들 사이에서 신돈의 인기는 하늘을 찌를 듯 치솟았습니다. "성인이 나셨다!"라며 극찬했을 정도였지요.

그렇다면 이는 정말 공민왕의 허락과 지지 없이 신돈이 독단적으로 벌인 일이었을까요? 전민변정도감으로 신돈은 백성들의 억울함을 풀어주었고, 공민왕은 눈엣가시였던 권문세족의 힘도 빼고 백성들의 지지까지 동시에 챙길 수 있었습니다. 누이 좋고 매부 좋은 최고의 합작품인 셈이지요.

두 번째 개혁의 칼날
고려 조정을 물갈이하다

이 즈음 신돈은 부패한 과거 시험에도 칼을 들이댔습니다. 과거 시험의 시험관 '좌주座主'와 과거에 급제한 합격생 '문생門生' 사이가 보통 끈끈한 게 아니었거든요. 좌주와 문생이 결탁해 고려 조정 곳곳을 장악하며 영향력을 행사하고 있었습니다. 신돈은 좌주와 문생의 사적인 유대 관계를 끊어버리기 위해 왕이 직접 관료를 선발하도록 했습니다. 왕에 의해 등용된 관리라면 자연스럽게 왕에게 충성하리라 생각했던 것이지요. 고려 조정을 물갈이하기 위한 발판을 마련한 셈이었습니다.

이처럼 웬 떠돌이 승려가 툭 튀어나와서는 공민왕을 등에 업고 개혁의 칼을 마구 휘두르고 있는 상황, 조정 신하들의 반응은 어땠을까요? 신하들은 "왜 승려에게 권력을 줘서 자기 마음대로 휘두르게 하십니까?"라며 공민왕에게 불만을 털어놓았습니다. 신하들의 반발을 들은 공민왕의 반응은 어땠을까요? 당연히 묵묵부답이었지요.

그런데 다시금 신하들의 반대를 마주한 신돈의 대응이 다소 충격적이었습니다.

'자기를 비방하는 자는 모두 중상모략하여 (…) 바다에 수장하였다.'

'옥사를 꾸며냈다.'

'관적에서 삭제하여 일반민으로 삼았다.'

'토지와 노비를 몰수하였다.'

'머리를 깎아 산사로 내쳤다.'

암살을 피해 궁에서 도망쳤던 과거의 신돈은 사라졌습니다. 신돈은 자신을 비판하는 이들을 향해, 거침없이 칼을 휘둘렀습니다. 자신에 반대하는 사람은 없는 죄까지 만들어 바다에 수장시키고, "왕에게 불충을 저질렀다!"라며 거짓 옥사를 꾸며내기도 했고, 신분과 관직, 재산을 모조리 삭탈했습니다.

반대파 제거에 열을 올리던 신돈의 눈에 제대로 걸린 인물이 있었습니다. 고려의 수도 개경까지 쳐들어온 홍건적을 쫓아내는 데 큰 공을 세웠던 무신 최영이었지요. 신돈은 "최영이 몇몇 환관들과 결탁해 왕과 신하 사이를 이간질했다!"라며 거짓으로 최영을 모함한 다음 지방으로 좌천시켜 버렸습니다. 여러 전쟁에서 공을 세운 최영 역시 신돈의 말 한마디에 한순간 쓸려가 버렸지요.

정이상소 문신 정추와 이존오가 공민왕에게 신돈의 탄핵을 요청하며 올린 상소를 말한다. 그러나 신돈의 권세 때문에 이들은 도리어 좌천되었다. 위 그림은 《삼강행실도》 중 〈충신도〉에 그려진 것으로 위쪽에 탄핵을 간청하는 모습과 아래 오른쪽에 쫓겨나는 두 신하가 묘사되어 있다. 세종대왕기념사업회 소장.

고려 말 최영은 무인 세력 중에서도 최고 권력자로 성장해 있었습니다. 이를 공민왕도 주시하고 있었지요. 최영의 입지가 점점 커지는 것을 경계하던 상황이었지만, 공민왕에게는 그를 쳐낼 명분이 없었습니다. 그런데 이 와중에 신돈이 나서서 최영을 모함하니, 공민왕 입장에서 어땠을까요? 기회는 이때다 싶었겠지요. 공민왕은 기다렸다는 듯이 최영을 좌천시켜 버렸습니다.

원나라에서부터 공민왕 곁을 지켜온 공신도, 전쟁에서 공을 세운 무신도, 신돈의 서슬 퍼런 칼날에 하루아침 나가떨어졌습니다. 고려 조정은 금세 텅 비어버렸지요. 그렇다면 그 빈자리를 채운 사람은 누구였을까요?

> "신돈이 인사행정을 할 때 스스로는 현량한 사람을 뽑는다고 칭하였으나, 명단이 나오고 보면 뽑힌 자들이 모두 그가 좋아하는 자들이었다."
>
> 《고려사》 132권, 열전 반역 신돈

공민왕이 신돈에게 넘겨준 수많은 관직 중 판감찰사사가 있었지요? 판감찰사사는 국정 운영과 신하들을 감찰하고 관직을 임명하는 권한이 있었지요. 신돈은 그 권한을 마음껏 사용했습니다. 자신이 가진 인사권으로 입맛에 맞는 사람을 조정에 하나둘 꽂아 넣었지요.

권력을 남용하는 신돈을 보며 공민왕은 어떤 제지도 하지 않았습니다. 오히려 왕의 대리자로서 신돈의 입지를 더욱 강화해 주었지요. 그러나 여기에는 공민왕의 정치적 의도가 깔려 있었습니다. 혹여 일이 잘못되더라도 이는 공민왕의 책임은 아니었지요. 그저 뒤에서 가만히 지켜보기만 해도 자신에게 걸림돌이 되는 이들을 신돈이 대신 나서서 제거해 주는 상황이었으니, 말 그대로 공민왕에게는 손도 안 대고 코 푸는 형국이었습니다.

문고리 신돈, 왕이 준 권력 이상을 탐내다

하늘 아래 무서울 것 없이 왕처럼 행세하던 신돈, 그러나 그가 유독 고분고분하게 대한 사람이 있었습니다.

> "왕을 알현하면 고상한 이야기를 나누고 채소와 과일을 먹고 차만 마셨다."
>
> 《고려사》 132권, 열전 반역 신돈

신돈은 공민왕과 만날 때만큼은 처음 만났던 그 모습 그대로 소박한 생활을 하고, 또 고상함을 잃지 않았던 겁니다.

이에 더해 신돈은 공민왕과 더욱 가까워지기 위해 한 가지 계략을 꾸몄습니다. 반야라는 이름의 여인을 공민왕에게 바친 것이었지요. 신돈은 부인을 잃고 시름에 빠져 있던 공민왕의 공허한 마음을 제대로 공략해 보려 한 것이었습니다. 만약 반야가 공민왕의 마음을 사로잡아 아들이라도 낳는다면 신돈은 공민왕과 더욱 가까운 관계가 되어 영원히 고려를 쥐락펴락할 수 있지 않겠어요? 그도 그럴 것이 공민왕에게 바친 반야라는 여인은 사실 신돈이 아끼던 여종이자 첩이었거든요.

공민왕에게 아끼던 여인을 바치고, 고상한 이야기를 하고, 소박한 생활을 이어갔다던 신돈. 그렇다면 왕의 앞이 아닌 평소의 모습은 어땠을까요? 충격적이게도 신돈은 앞과 뒤가 완전히 다른 두 얼굴로 살고 있었습니다.

> "신돈이 탐욕을 부리고 음란한 것이 날로 심해져서 뇌물이 폭주하고, 집에 있을 때는 술을 마시고 고기를 먹으며 제멋대로 여색을 즐겼다."
>
> 《고려사》 132권, 열전 반역 신돈

공민왕이 없을 때 신돈은 뇌물을 받기도 하고, 음탕한 행동을 일삼았습니다. 이 중에서 가장 놀라운 건 신돈의 여성 편력이었습니다. 신돈을 둘러싼 추문은 고려가 멸망한 뒤 조선 시대에 이르러서도 그칠 줄 몰랐습니다. 조선 전기의 학자 성현이 지은 《용재총화》라는 야사집에도 신돈에 대한 기록이 남아 있지요.

> "신돈은 관리들의 처첩 중에 용모가 뛰어난 여인이 있으면, 사소한

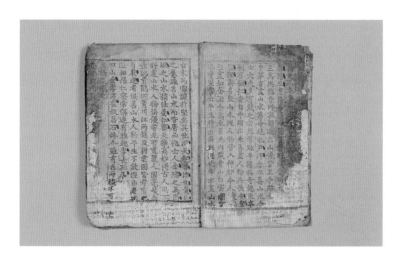

용재총화 고려 시대부터 조선 전기까지의 민간 풍속, 역사, 지리 등 문화 전반을 다룬 잡록. 유명인의 일화나 대중 사이에 퍼졌던 설화를 두루 담고 있어 민속학과 구비문학의 귀중한 자료가 되어준다. 국립중앙박물관 제공.

트집을 잡아 그 남편을 감옥에 가뒀다. 그러고는 연통을 넣어 부인
이 직접 억울함을 호소하러 오게 했다. (…) 신돈은 별실에 이부자
리를 깔고 앉아 있었다고 한다."

성현, 《용재총화》

기록에 따르면 신돈은 관리의 처첩 중 마음에 드는 여인이 있으
면 어떻게든 트집을 잡아서 집에 끌어들였을 정도로 타락했다고
합니다. 신돈은 권력을 휘두르며 이전과는 완전히 다른 사람이 되
어 있었습니다. 전국을 떠돌며 시체를 묻던 매골승은 이미 세속에

물들 대로 물들어 권력의 맛, 속세의 맛에 점점 취해갔던 것이지요. 그러나 이러한 소문의 일부에는 신돈을 무너뜨리려는 세력의 입김도 있었다고 봅니다. 신돈의 존재를 부정적으로 바라보는 조선시대 유학자에 의해《고려사》가 기록되었다는 사실도 염두에 두어야 하지요.

그러던 1369년 음력 2월, 신돈은 이내 넘지 말아야 할 욕망의 선을 넘어버리고 말았지요. 그는 자신의 지위를 더 확고하게 지키기 위해 비장의 카드를 꺼내 들었습니다. 스스로 '5도도사심관五道都事審官'이 되기로 한 것이었습니다. 사심관은 고려 초기 중앙에서 활동하는 지방 출신의 관리들이 자기 고장을 다스리도록 임명한 특수 관직입니다. 5도도사심관은 이러한 사심관을 각 지역에 임명하고 총괄하는 자리였지요. 고려 중앙의 권력이 지방에까지 고루 미칠 수 있도록 마련한 제도라고 볼 수 있습니다. 이미 고려 조정을 장악한 신돈이 왜 이 관직에 눈독을 들였던 걸까요?

신돈은 중앙 정치 세력을 장악하는 데 만족하지 않았습니다. 자신의 편을 사심관으로 임명한 다음, 전국 곳곳에 보내려고 했던 거예요. 즉 지방 권력까지 통제하겠다는 심산이었어요.

5도도사심관이 되겠다는 신돈의 말을 들은 공민왕은 어떤 반응을 보였을까요? 공민왕은 이를 단칼에 거절했습니다. 그 이유는 사심관이 가진 막대한 권한을 파악하면 단번에 이해할 수 있어요. 사심관은 각 지방에서 난 공물을 고려 중앙에 바치기 위해 그 지역

내에서 공물을 분배하는 역할을 맡고 있었습니다. 즉 공민왕은 사심관을 제어함으로써 지방의 경제권을 장악하겠다는 신돈의 의도를 단번에 읽었던 것이지요.

공민왕은 그동안 신돈에게 대리인의 자격으로 모든 정치권력을 맡겼지만, 경제권을 쥘 수 있는 권력만큼은 결코 주지 않았습니다. 그런데 신돈은 그런 공민왕의 의도를 넘어서는 행동을 거침없이 저지른 것이었습니다. 자신이 준 권력 이상을 탐하는 신돈을 목격한 뒤, 공민왕의 시선은 이전과 조금씩 달라지기 시작했지요.

연기처럼 사라진
절대 권력

5도도사심관으로 경제권을 장악하려던 신돈의 계획이 무산되고 1년이 지난 1370년 음력 6월 24일, 신돈이 공민왕에게 결사반대를 외치는 일이 벌어졌습니다. 그동안 공민왕의 환심을 사기 바빴던 신돈이 공민왕이 절대 듣고 싶지 않아 하는 말을 내뱉고야 만 것이지요.

"노국대장공주의 영전 공사를 중지하셔야 합니다!"

공민왕은 노국대장공주의 무덤을 만드는 데에 온갖 정성을 쏟아붓고 있었습니다. 그런데 그런 공민왕의 애도가 담긴 추모를 중지하라며 제동을 건 것이었어요.

사실 신돈도 공민왕에게 영전 공사를 중지하라는 말을 하고 싶진 않았을 테지요. 그러나 신돈이 이런 말을 하게 된 이유가 있어요. 앞서 음력 6월 6일 노국대장공주의 영전 공사 중에 백성 26명이 압사하는 심각한 사고가 일어났던 것입니다. 노국대장공주 추모 사업으로 국고는 탕진된 지 오래였고, 많은 백성이 목숨까지 잃은 상황에 공민왕을 향한 백성들의 불만도 점점 커지고 있었습니다. 신하들은 물론이고, 공민왕의 어머니 명덕태후까지 나서서 영전 공사를 멈추라고 간청하던 상황이었습니다. 상황이 이 지경인데, 명색이 왕의 사부인 신돈이 뒷짐만 지고 있을 수 있나요? 신돈역시 공민왕의 심기를 거스를 수 있다는 걸 알면서도, 스승으로서 충언을 전했던 것이었습니다.

공민왕은 이미 신돈이 5도도사심관을 들먹였을 때부터 의심의 싹을 틔우기 시작했습니다. 그 와중에 공민왕의 오른팔이라고 할수 있는 신돈이 공사를 중지하라는 말까지 한 것이지요. 신돈은 노국대장공주 문제로 이내 공민왕의 역린을 건드리고 말았습니다. 이때 공민왕은 신돈이 왕의 권력을 넘보는 것도 모자라 '내가 하는 일까지 반대하네?' 하고 생각하지 않았을까요? 공민왕은 신돈이 정말 자신을 위한 사람인가 의문이 들었겠지요. 끈끈했던 신돈과 공민왕의 관계에 서서히 균열이 가기 시작했습니다.

노국대장공주의 영전 사건이 터지고 약 2주 뒤, 신돈이 건드린 역린은 결국 커다란 파장을 불러일으켰습니다. 전라도를 시찰하고 온 한 관리의 행동 때문에 공민왕이 엄청난 분노를 쏟아냈거든요. 이 관리가 시찰에서 돌아온 뒤 공민왕이 아닌 신돈에게 먼저 찾아가 보고를 했던 것이었습니다. 화가 머리끝까지 치솟은 공민왕은 자기를 무시한 그 관리에게 곤장형을 내렸습니다. 이쯤 되면 신돈도 '예전이랑 분위기가 다르네?' 싶지 않았을까요?

이게 끝이 아니었습니다. 신돈과 공민왕의 관계에 적신호가 켜지는 사건이 연달아 일어나고 말았습니다. 이 시기는 오랜 기간 고려를 괴롭히던 원나라가 쇠퇴하고 중국 대륙에 명나라가 새롭게 들어서던 원명 교체기였습니다. 떠오르는 새 나라인 명나라는 원나라처럼 고려와 사대 관계를 맺길 원했습니다. 공민왕 역시 명나라와 충돌을 피하고 안정을 도모하기 위해, 명나라와 사대 관계를 맺기로 했지요. 명나라가 공민왕을 고려의 왕으로 책봉하던 그때, 공민왕은 듣기 거북한 단어를 들었습니다.

'상국 신돈相國辛旽'. '상국'은 조선으로 치면 영의정, 좌의정, 우의정, 3정승을 총칭하는 단어입니다. 여기서 그치지 않고 명나라 사신은 신돈에게 비단까지 하사해 줍니다. 또 다른 기록에 따르면, 명나라 황제의 인장이 찍힌 조서까지 함께 전달해 주었다고도 해요. 명나라마저 신돈의 권위를 인정하는 상황이었습니다.

'혹시 명나라의 힘을 빌려 신돈이 역모를 꾸미지 않을까?'

그동안 공민왕의 머릿속에 모락모락 피어나던 의심이 확신으로 변한 순간이었습니다. 그리고 얼마 후, 신하들 앞에서 공민왕은 아주 뜻밖의 발표를 했지요.

> "아주 오랜 옛날의 선왕들은 모두 몸소 정무를 듣고 처리하였으니, 지금부터 대간과 6부로 하여금 날마다 본래의 관청에서 업무를 처리하게 하고 각기 나에게 직접 보고하도록 하게 하라."
>
> 《고려사》 42권, 공민왕 19년(1370) 10월 24일

드디어 공민왕이 직접 정치를 하겠다며 친정을 선포한 것입니다. 공민왕은 신돈에게 자신이 직접 내린 왕의 대리인 자격까지 박탈해 버렸습니다. 신돈은 한순간에 모든 권력을 빼앗겼지요. 갑작스러운 공민왕의 친정 선포에 신돈은 어안이 벙벙했겠지요. 하지만 왕이 결정한 이상 신돈이 할 수 있는 건 아무것도 없었습니다. 처음부터 왕이 대리인으로서 준 권력이었으니 마음을 바꾼 왕 앞에서 신돈은 모든 것을 내려놓고 빈손으로 궁을 떠나야만 했지요.

역모 고발!
쫓겨난 이인자의 끔찍한 최후

공민왕의 친정 선포 이후 9개월이 지난 1371년 음력 7월 6일, 공

민왕의 가슴을 내려앉게 하는 익명의 고발이 들어왔습니다.

"흉악한 모의를 모두 알게 되어 몰래 이를 기록하였습니다."

흉악한 모의는 바로 역모를 말합니다. 그렇다면 이 역모를 꾸민 사람은 누구였을까요? 신돈이었습니다. 우연히 신돈의 역모 계획을 눈치챈 한 관리가 그 사실을 공민왕에게 밀고했던 것이지요. 신돈의 역모 소식을 들은 공민왕은 가만히 있었을까요? 보고를 들은 지 사흘 만에 신돈을 지금의 경기도 수원으로 유배 보내라 명했습니다. 신돈은 변명할 틈도 없이 순식간에 대역 죄인이 되어, 유배를 가게 되었지요.

그렇게 신돈은 왕의 대리인에서 순식간에 반역자가 되어버렸습니다. 유배지에 도착한 신돈, 그런데 누군가가 그를 밖에서 급히 불러냈습니다. 다름 아닌 공민왕이 보낸 신하였지요.

"전하께서 자네를 보고 싶어 하네!"

역모를 꾀하던 신돈을 공민왕이 다시금 보고 싶어 하다니요? 신돈은 반가운 마음에 한달음에 달려나갔겠지요. 하지만 신돈을 기다리고 있던 것은 시퍼런 칼이었습니다. 공민왕의 오른팔이나 다름없던 신돈은 한마디 말도 남기지 못한 채, 역모 혐의로 즉결 처형되었지요. 신돈을 처단한 뒤, 공민왕은 신돈의 사지를 절단하라는 명까지 내렸습니다. 신돈의 머리는 개경 도성에 내걸렸고 그의 몸, 팔, 다리는 갈가리 찢겨 전국에 순회 전시되었지요. 신돈은 철저히 역모 죄인으로 낙인찍혔습니다.

신돈이 정말로 역모를 일으키려 했는지, 아닌지는 정확히 알 수 없습니다. 이 사건에 대해서는 두 의견이 있는데, 하나는 진짜로 신돈이 역모를 준비했다고 보는 시각입니다. 신돈의 입장에서는 한순간에 모든 권력을 잃고 버려진 이상 남은 방법은 역모밖에 없다고 생각했을 수도 있습니다. 또 다른 시각에서는 공민왕과 신돈의 사이가 멀어진 것을 틈타 모종의 세력이 신돈을 처단하기 위해 거짓 역모를 꾸민 것으로 보고 있지요.

노비 출신의 미천한 승려에서 공민왕의 오른팔로 인생 역전 드라마를 꿈꿨던 신돈은 비참한 죽음을 맞이했지요. 이로써 신돈 천하는 그가 권력을 잡은 지 6년 만에 막을 내렸습니다.

신돈이 남긴 흉흉한 소문
스러지는 500년 역사의 고려

신돈이 죽고 얼마 지나지 않아 고려에는 이상한 소문이 돌기 시작했습니다. 이 이상한 소문의 주인공은 '모니노'라는 이름을 가진 자였지요. 모니노는 공민왕의 뒤를 이어 고려의 제32대 왕이 된 우왕의 아명입니다.

신돈이 후계자가 없던 공민왕을 위해 자신의 첩 반야까지 바쳤던 일을 기억하시나요? 우왕의 어머니가 그 반야였던 것입니다.

그런데 신돈이 죽은 뒤 우왕이 공민왕의 아들이 아니라 신돈의 아들이라는 흉흉한 소문이 퍼지기 시작했습니다. 그야말로 고려를 발칵 뒤집은 최악의 스캔들이 터졌지요.

실제로 우왕의 출생에는 미스터리한 부분이 많습니다. 공민왕은 우왕의 출생을 비밀에 부치다가 신돈이 죽자마자 7살이 된 우왕을 궁궐로 데려왔습니다. 태어난 지 7년이 지나서야 공민왕이 자기에게 아들이 있노라 밝혔던 것이지요. 후계자를 그토록 바라던 공민왕이 왜 한참이 지나서야 아들의 존재를 밝혔을까, 이는 충분히 의심을 살 만했습니다. 물론 우왕의 어머니인 반야가 신돈의 여종 출신이라, 그 출신 때문에 궁궐로 데려오는 것이 쉬운 결정은 아니었겠지요.

우왕은 과연 신돈의 아들일까요, 공민왕의 아들일까요? 진실은 여전히 오리무중입니다. 우왕의 출생에 얽힌 미스터리는 훗날 고려를 멸망시키고 조선을 건국했던 이성계와 정도전 같은 세력에게 좋은 명분이 되었습니다. 그들은 우왕이 공민왕의 자식이 아닌 신돈의 자식이므로 고려 왕실의 정통 계보는 고려 멸망 이전에 이미 단절되었다고 주장했지요. 이 같은 논리를 '우창비왕설禑昌非王說'이라고 부릅니다.

신돈의 이름은 그가 죽은 뒤에도 끊임없이 이용되었습니다. 기록되지 않은 역사 속에서 신돈은 어떤 사람이었을까요? 우리가 그를 직접 만나 이야기를 나눠볼 순 없지만 역사에 기록된 사실을 통

해 한 가지는 확실하게 알 수 있습
니다. 원나라의 비호 아래 백성들
의 피와 눈물로 자기 배를 불린 권
문세족이 끝을 모르고 더 가난한
자들의 재물마저 탐할 때, 유일하
게 나서서 백성의 억울함을 해결
해 주었다는 것이었습니다. 그는
공민왕이 꿈꾼 고려를 실질적으
로 실현시키며 고려 개혁에 박차
를 가했지요.

운곡시사 고려 말 정치가 문란해지자 치악산에
은둔하며 살았던 문신 원천석의 문집. 원천석은
"만일 왕씨 혈통의 참과 거짓이 문제된다면 왜 일
찍부터 분간하지 않았느냐"라며 우왕과 창왕이
신돈의 혈통을 이었다는 주장은 부당하다는 내용
의 시를 썼다. 한국학중앙연구원 제공.

　　조선 건국의 정당성을 주장하
기 위해 어떻게든 고려 왕조를 부정해야만 했던 조선 초기 유학자
들조차 전민변정도감이 권력자의 농장 확대를 저지하고 강제로
노비가 되었던 백성을 구원했다며 칭찬했습니다. 끝은 비참했을
지언정 한때 백성들 사이에서 성인이라 불리며 스러져가는 고려
역사의 끝에서 마지막 희망을 비춰주었던 신돈, 그의 이야기를 한
번쯤 기억해봄 직합니다.

8장

벌거벗은
고려의 충신

김인호(광운대학교 인제니움학부 교수)

최영은 어쩌다 전우 이성계의 손에 목숨을 잃었나

1331년, 한 소년이 아버지의 임종을 지키고 있습니다. 아들을 두고 먼저 세상을 떠나는 아버지는 꺼져가는 숨을 겨우 붙잡고 마지막 당부의 말을 남겼지요.

"너는 마땅히 황금 보기를 돌과 같이 하라."

아버지의 유언을 마음에 새긴 아들은 평생 재산을 늘리지 않고 집이 누추해도 기쁜 마음으로 살았다고 합니다. 이 일화의 주인공은 고려 역사가 종착점을 향해 달리고 있던 14세기, 명장이자 충신으로 활약한 최영입니다. '황금 보기를 돌같이 하라'는 유명한 말은 사실 최영의 아버지가 그에게 남긴 유언이었지요.

어린 나이에 집안을 책임지는 가장이 된 최영은 이후 무신이 되어 고려를 침입한 외적을 격퇴하는 데 앞장섰습니다. 청렴결백한 성품을 지닌 데다 전투를 했다 하면 백전백승이니 얼마나 멋있고 대단해 보였을까요? 최영은 백성들의 존경을 한 몸에 받으며 고려의 영웅으로 떠올랐습니다.

안팎으로 혼란스럽던 고려 말에 최영은 나라를 지키기 위해 애썼습니다. 외적을 물리치고 내부의 반란을 진압했죠. 이 과정에서 자신보다 19살 어린 젊은 장수 이성계와 우정을 나누었습니다. 심지어 이성계는 화살이 빗발치는 전쟁터에서 최영의 목숨을 구하기도 했지요. 두 사람은 나이 차이를 뛰어 넘어 고려를 지키기 위해 한마음 한뜻으로 뭉친 전우이자 동지가 되었습니다.

그러나 그들의 우정은 끝까지 이어지지 못했습니다. 위화도 회군으로 실권을 장악한 이성계는 끝내 최영을 자신의 손으로 처단하고 말았지요. 최영과 이성계는 대체 왜 갈라서게 되었을까요? 무엇이 그들을 동지에서 원수로 만들었을까요? 역사에 악연으로 남게 된 두 사람의 이야기를 낱낱이 벌거벗겨 보겠습니다.

건장한 체구를 가진 유서 깊은 가문의 자제

최영은 1316년, 고려 제27대 왕 충숙왕 재위 시절 동주 최씨 가문에서 태어났습니다. 지금 우리가 최영이라는 이름을 떠올리면 자연스럽게 '장군'을 연상하듯 최영은 고려를 대표하는 무신으로 널리 알려져 있지만 그가 무신이 된 것은 필연이 아니었습니다. 그는 대대로 고위직 문신을 배출한 유서 깊은 귀족 집안에서 태어났기 때문이지요. 최영의 할아버지인 최옹은 해박한 학식을 바탕으로 과거에 급제하고 이후 재상의 자리까지 올랐습니다. 최영의 아버지인 최원직 또한 과거 급제 후 문신으로 관직 생활을 시작했지요. 이뿐만이 아니었습니다. 최영의 조상 중에는 태조 왕건을 도와 고려 건국에 힘써 개국공신이 된 인물도 있었습니다. 이렇듯 대단한 집안이니 가문의 명성을 이으려면 최영도 하루빨리 과거에 급제했어야 할 것입니다. 그런데 그는 왜 돌연 무신이 되었을까요? 앞서 이야기한 아버지의 죽음 때문이었습니다.

아버지의 갑작스런 죽음으로 하루아침에 집안을 책임지는 가장이 된 16살의 최영은 과거 시험을 포기하고 군에 입대하겠다는 놀라운 결정을 내렸습니다. 아마 그 배경에는 가장으로서의 책임감이 있었겠지요. 아무리 좋은 집안 출신이고, 아버지가 남긴 재산이 있다고 한들 언제까지 그것만 믿고 있을 수는 없었을 것입니다. 최영은 아버지의 죽음 이후, 언제 합격할지 모를 과거 시험을 계속 준비하는 대신 무신이 되어 하루라도 빨리 성공하려 했던 것으로 보입니다. 고려 시대의 군인은 낮은 신분과 하급 지배층이 출세를 위해 선택하는 직업이었지만, 명문가 문신 집안 출신 중에도 최영처럼 군인의 길을 선택하는 경우도 있었거든요. 최영 역시 가문의 소개로 현재 충청도 일대인 양광도에서 도순문사都巡問使 소속의 초급 장교로 군인 생활을 시작한 것으로 보입니다.

그런데 아무리 현실적인 이유가 있다 해도 인생의 대부분을 문신이 되기 위해 준비해 왔을 텐데 어떻게 갑자기 군인이 되겠다고 결심을 했을까요? 그것은 최영의 신체 조건이 남다른 덕분이었습니다.

> "최영은 용모가 건장하였고 완력이 다른 사람들보다 뛰어났다."
>
> 《고려사》 113권, 열전 제신 최영

최영은 큰 덩치의 소유자였고 힘이 센 장사 체질이었습니다. 무인으로서 완벽한 신체 조건을 갖추고 있던 셈이지요. 그러니 자신의 장점을 발휘해 고려를 위해 헌신할 수 있는 곳이 군대라고 생각했겠지요.

더군다나 최영은 고려 개국공신 집안의 자제이기 때문에 나라에 충심을 다하는 집안 분위기에 익숙했을 것입니다. 최영의 아버지가 유언으로 "황금 보기를 돌과 같이 하라"라고 말한 것도 아들이 뇌물과 청탁을 받지 않고, 사사로운 이익에 집착하지 않는 사람이 되길 바라는 마음에서였겠지요.

최영이 살았던 고려 말에는 뇌물을 받거나 부정부패를 일삼는 관리들이 굉장히 많았습니다. 그러니 남겨진 어린 아들이 혹여나 재물을 탐내다 불명예를 입지는 않을까 염려한 것이지요. 아들이 오직 고려를 위한 일만 생각하길 바라는 마음에서 비롯한 유언이 었을 것입니다.

동북면에서 태어난
원나라 사람 이성계

최영이 태어나고 19년 뒤인 1335년, 지금의 함경남도 영흥 지역 에 해당하는 동북면에서 범상치 않은 또 한 명의 사내아이가 태어 납니다. 그의 이름은 이성계지요. 그런데 이성계의 출생에는 깜짝 놀랄 만한 비밀이 숨겨져 있습니다. 이성계는 고려가 아니라 원나 라에서 태어난 원나라 사람이었던 것이지요. 이게 대체 어떻게 된 걸까요?

이성계가 태어나기 100여 년 전인 1231년, 고려는 몽골의 침략 을 받으며 무려 30여 년간 전쟁을 치르게 됩니다. 그리고 이 전쟁 중에 동북면 땅을 몽골에 빼앗기고 말았지요. 몽골은 동북면에 통 치 기구인 쌍성총관부를 설치하고 이 지역에 대한 지배력을 행사 했습니다. 이성계의 고조할아버지인 이안사는 당시 동북면에 살 고 있었습니다. 이 지역의 강력한 세력이었던 이안사는 몽골에 투항했고 이후 몽골이 국호를 세워 '원나라'가 되자 이안사의 국적도 고려에서 원나라로 바뀌었던 것입니다. 이안사는 망명한 원나라에서 관직을 받아 동북면을 다스렸습니다. 그리고 능력을 인정받아 이성계 집안은 대대로 동북면을 다스리며 세력을 키워나갔지요.

고려 사람이지만 원나라 백성으로 살아가던 이성계, 그는 어떤 어린 시절을 보냈을까요?

> "범이 이성계를 쫓아와서 (…) 이성계가 오른손으로 휘둘러 이를 치니, 범은 고개를 쳐들고 거꾸러져 일어나지 못하는지라, 이성계가 말을 돌이켜서 이를 쏘아 죽였다."
>
> 《태조실록》1권 총서

이성계가 얼마나 힘이 센지 호랑이를 한 손으로 기절시킬 정도였다고 합니다. 물론 조선을 건국한 이성계에 대한 기록이니 과장이 더해졌을 수도 있지만, 무인 기질을 타고난 최영처럼 이성계 또한 무예 실력이 굉장히 출중했던 것으로 보입니다.

고려 개국공신 집안의 최영과 원나라에 투항한 변방의 강력한 토착 세력 집안의 이성계는 둘 다 탁월한 신체 조건을 가졌다는 것 외에는 전혀 공통점이 없는 것으로 보입니다. 그런데 훗날 두 사람은 어쩌다 동지가 되었을까요? 아마 최영과 이성계 모두 각자의 자리에서 자신의 길을 개척해 나갔기 때문이겠지요.

최영은 어떻게
공민왕의 신임을 얻었나

10대에 군에 입대해 고려 무인으로서 첫발을 내디딘 최영. 그는 양광도에서 고려를 지독하게 괴롭히던 수많은 왜구를 토벌하며 능력을 갈고닦았습니다. 그러는 동안 시간은 흘러 어느덧 30대 중반에 접어들었지요. 그런 그에게 놀라운 소식이 전해졌습니다. 당시 고려의 왕이었던 공민왕이 최영에게 '우다치'라는 관직을 하사하겠다는 소식이었지요. 우다치는 몽골어로 '문지기'라는 뜻으로 왕을 호위하는 임무를 맡는 국왕의 친위대였습니다. 늦은 나이에 드디어 변방 지역에서 일하는 사병이 아닌 왕이 사는 궁궐에서 군인으로 근무할 수 있게 된 것입니다. 최영이 무인으로서 갖춘 능력과 그간의 노력을 인정받은 결과였지요.

그런데 공민왕 재위 1년째인 1352년 음력 10월 3일, 우다치 최영을 비롯한 군인들이 궐 안을 마구잡이로 헤집는 일이 벌어졌습니다. 그리고 이틀 뒤, 공민왕의 최측근이자 일등공신이었던 한 문신이 사로잡혀 처형당하고 말았지요. 대체 이 문신은 누구이며, 궁궐 안에서는 무슨 일이 벌어졌던 걸까요?

죽임당한 공신의 이름은 조일신이었습니다. 무려 공민왕이 원나라에서 케식 생활을 하던 시절부터 보필한 인물이었지요. 그랬던 조일신이 공민왕을 배신하고 반란을 일으킨 것이었습니다. 그는 어두운 밤 궁을 포위하고, 공민왕의 침소에 들이닥쳤지요. 그리고 공민왕을 협박해 자신의 측근들을 줄줄이 고위 관직에 앉혔습니다. 그야말로 고려 조정을 발칵 뒤집은 '조일신의 난'이 발발한 것입니다.

사실 조일신이 공민왕을 폐위시키기 위해 난을 일으킨 것은 아니었습니다. 그가 난을 일으킨 진짜 목적은 친원 세력의 대표 주자인 기황후 일족과 원나라를 부역하는 인물들, 즉 '부원배附元輩' 무리를 조정에서 제거하는 것이었습니다. 공민왕 밑에 있던 친원 세력을 제거하고 자신이 최고 권력자가 되려고 한 것이지요. 조일신은 난을 일으킨 뒤, 기황후의 형제들을 죽이기 위해 사람을 보냈고 이 과정에서 기황후의 형제 중 기원이라는 자가 목숨을 잃고 말았습니다.

조일신의 의도를 알게 된 공민왕은 여기서 더 큰일이 벌어지면 안 된다고 생각했습니다. 당시 고려에서 친원 세력을 제거하는 건, 어쩌면 공민왕의 목숨도 위험해질 수 있는 일이었거든요. 기황후는 아들을 낳고 원나라 제2황후로 임명되며 원나라 황제의 총애를 한 몸에 받고 있었고, 고려에 끼치는 영향도 막강했지요. 공민왕은 즉위한 지 얼마 되지도 않았는데 원나라가 앞서 충혜왕, 충목왕, 충정왕을 입맛대로 폐위시켰듯 조일신이 저지른 반란을 빌미로 혹시나 자신을 폐위시키는 건 아닐까 걱정되었겠지요. 그래서 난을 진압하기 위해 부랴부랴 최영을 비롯한 군인들을 동원한 것이었습니다.

최영은 조일신의 난을 평정한 공을 인정받아 품계 없는 관직 우다치에서 무려 정4품 무관직 호군護軍으로 승진했습니다. 37살의 늦은 나이에 자신의 재능을 알아주는 공민왕을 만나 고려 군대의 요직에 올라서게 된 것이지요. 최영은 자신을 믿고 큰 기회를 준 공민왕이 무척 고마웠겠지요? 이날 이후 최영은 고려의 무신으로서 누구보다 열심히 일했다고 합니다. 적이 누구든 간에 최영이 전투에 나서기만 하면 연전연승했지요. 실제 역사 기록에도 최영은 단 한 번도 패배하지 않은 장군으로 기록되어 있습니다. 그렇게 최영은 백전무패의 명장으로 고려에서 승승장구하기 시작했습니다.

전란의 영웅
최영과 이성계

하지만 승리는 언제나 전투 속에서 쟁취하는 법이지요. 최영이 무신으로 활약하며 이름을 떨쳤다는 말은 곧 고려의 상황이 어려웠다는 뜻입니다. 이 시기 고려 사회는 외세의 잦은 침략으로 혼란 그 자체였습니다. 남쪽으로는 왜구가, 북쪽으로는 여진족과 홍건적이 끊임없이 고려 땅을 침략해 와 피해가 극심했습니다. 결국 최영이 조일신의 난을 진압하고 9년 후인 1361년 음력 10월 20일,

고려는 나라가 멸망할 수도 있는 엄청난 위기를 맞닥뜨렸습니다. 홍건적이 10만 대군을 이끌고 압록강을 넘어 고려로 쳐들어온 것이지요.

홍건적은 한 달 동안 고려의 북쪽 지역을 쑥대밭으로 만들었습니다. 그리고 고려의 수도 개경을 노렸지요. 홍건적이 개경 근처까지 다가왔다는 소식을 들은 공민왕은 결국 안동으로 피난을 떠났고, 공민왕이 떠나고 5일 뒤인 음력 11월 24일 고려의 수도 개경은 함락되고 말았습니다.

개경을 함락한 홍건적은 힘없는 백성들은 닥치는 대로 죽이고, 사람까지 잡아먹는 등 잔학무도한 짓을 일삼았습니다.

> "홍건적이 개경을 함락한 후 수개월 동안 진을 치고 머물면서 (…) 남녀 백성들을 죽여 구워 먹거나 임신부의 유방을 구워 먹는 등 온갖 잔학한 짓을 자행하였다."
>
> 《고려사》 39권, 공민왕 10년(1361) 11월 24일

홍건적의 침공으로 불과 수개월 만에 고려의 수도 개경은 지옥으로 변모했습니다. 고려가 무너져가는 이때, 고려를 지키기 위해 기꺼이 전쟁터로 나선 두 영웅이 있었으니 바로 최영과 이성계였습니다.

이성계의 가문은 본래 동북면 원나라 땅에서 힘을 기른 토착 세

력이었다고 했지요? 그러나 1356년 공민왕이 쌍성총관부를 탈환할 때 이성계의 아버지가 힘을 보탠 덕분에 이성계는 고려로 넘어올 수 있었습니다. 이후 동북면 병마사인 아버지를 따라 고려의 동쪽을 지켰지요. 그러던 중 개경이 홍건적에게 함락됐다는 이야기가 들리니, 개경성 탈환 작전에 참여하기 위해 달려온 것입니다.

최영과 이성계를 비롯한 고려군은 군대를 재정비하고 개경성을 탈환하기 위한 만반의 준비를 마쳤지요. 그리고 1362년 음력 1월 18일 동틀 무렵, 고려의 여러 장수가 약 20만 명의 군사를 나눠 사방에서 개경성을 포위했습니다.

> "이성계가 휘하의 친병親兵 2천 명을 거느리고 용기를 내어 공격하여 먼저 성에 올라가 적을 크게 격파하였으며 적의 괴수를 베어 죽였다."
>
> 《고려사》 40권, 공민왕 11년(1362) 1월 18일

가장 먼저 적진을 향해 돌진한 사람은 이성계였습니다. 그는 집안 대대로 내려오는 사병 부대인 가별초를 이끌고 선두에서 싸웠지요. 이성계의 용감한 모습에 고려군의 기세는 하늘을 찌를 듯 높아졌습니다.

10만여 명이 넘는 홍건적과 20만 고려군의 대전투가 시작되었지요. 승리는 누가 거머쥐었을까요? 고려군은 이날 약 10만 명의

홍건적의 머리를 베고, 전투에서 당당히 승리했습니다. 무려 3개월 만에 개경을 되찾을 수 있었지요.

바로 이 전투가 역사에 기록된 최영과 이성계가 협력했던 공식적인 첫 전투입니다. 이 전투에서 승리한 공으로 47살의 최영과 28살의 이성계는 수도를 되찾은 자에게 내리는 '경성수복공신京城收復功臣'에 책봉되었지요. 무려 일등공신으로 말입니다.

고려군의 활약으로 개경을 수복하긴 했지만 홍건적의 침공으로 개경의 성은 모조리 불타버리고 말았습니다. 개경을 떠나 남쪽으로 피난을 갔던 공민왕이 곧장 궁궐로 가기 어려운 상황이었지요. 이에 공민왕은 개경 근처의 흥왕사에 잠시 머무르기로 했습니다. 그러나 이곳에서도 공민왕은 마음 편히 머무를 수 없었습니다. 50여 명의 괴한이 공민왕의 목숨을 위협한 '흥왕사의 변'을 맞닥뜨렸거든요. 1363년, 노국대장공주가 괴한에 맞서 온몸으로 공민왕을 지켜냈던 그 사건 말입니

흥왕사명 청동 은입사 향완 불단에 놓고 향을 피울 때 쓰는 향로로, 명문에 '흥왕사'와 제작 시기가 쓰여 있어 사용된 장소와 연대를 알 수 있다. 흥왕사는 고려 제11대 왕 문종이 창건한 2,800여 칸의 대규모 사찰로 국가에서 주관하는 연등회가 열릴 정도로 고려 왕실과 사이가 긴밀했다. 몽골의 침입 때 전소되어 절터의 성벽 조각과 유물만이 전해진다. 리움미술관 제공.

다. 노국대장공주가 공민왕이 숨어 있는 밀실 앞에서 괴한들과 대치하던 절체절명의 순간, 쾅 하고 문을 부수는 소리와 함께 누군가가 등장했습니다.

> "최영은 변란이 일어났다는 것을 듣고 (…) 군사를 거느리고 달려가 적을 쳐서 그들을 모두 죽였다."
>
> 《고려사》 113권, 열전 제신 최영

    개경에 있던 최영이 반란 소식을 듣고 병사들을 이끌고 한걸음에 홍왕사로 달려온 것이었습니다. 최영은 순식간에 반란군을 무찌르고 공민왕을 구해냈지요.

    이처럼 최영은 외세의 침략으로 고려 백성이 고통받을 때나 공민왕의 목숨이 위협받는 위기의 순간마다 주저하지 않고 달려나가 몸이 부서져라 싸웠습니다. 홍왕사에서 공민왕의 목숨을 구한 공을 인정받은 최영은 48살의 나이로 또다시 일등공신이 되었습니다. 그리고 지금의 대통령 경호실장과 비슷한 종2품 판밀직사사判密直司事에 임명됐지요. 공민왕이 가장 믿고, 의지할 수 있는 고려 왕실의 검으로 최영이 우뚝 선 순간이었습니다. 이에 그치지 않고 최영은 재상의 자리까지 올라가지요. 사건 사고가 많았던 고려 말에 최영은 왕실이 믿을 수 있는 대체 불가한 해결사였을 것입니다.

마침내 정벌한 탐라,
끝내 지키지 못한 주군

하지만 고려를 향한 최영의 진심이 늘 공민왕에게 전해졌던 것은 아닙니다. 외침도 막아내고 변란도 제압했지만 최영은 1365년 신돈의 모략으로 좌천되고 귀양길에 오르기도 했습니다. 다행히 최영의 유배 생활은 1371년 신돈이 처형되면서 6년 만에 끝났지요. 능력 있고 충심 깊은 신하를 몰라주었던 것에 대한 미안함 때문이었을까요? 공민왕은 최영에게 정2품 문하찬성사^{門下贊成事}직을 내립니다. 좌천되었던 최영이 다시 고려 재상의 자리에 앉게 된 것입니다.

그런데 고려 조정에서 일해야 할 최영에게 공민왕은 갑자기 제주도로 떠나라는 명령을 내립니다. 최영이 재상의 자리에 오른 지 3년밖에 되지 않은 1374년 음력 8월이었지요. 고려 시대부터 제주도는 유배지로 이용되었을 만큼 외딴 곳이었습니다. 제주도로 가는 길 자체도 무척이나 고되었지요. 그런데 공민왕은 대체 왜 재상 최영을 제주도로 보내려 한 것일까요? 그 이유는 제주도에서 발생한 반란, '목호의 난' 때문이었습니다.

목호는 '기를 목^牧', '오랑캐 호^胡'로, 제주에서 말을 기르던 원나라 사람을 말합니다. 제주에는 원 간섭기 시절에 세워진 '탐라군민총관부^{耽羅軍民摠管府}'라는 원나라의 통치 기구가 있었습니다. 이 기구에 속하면서 제주 목마장에서 말을 기르던 원나라 사람들을 목호라 했는데 이들이 난을 일으킨 것이었지요.

이들은 왜 갑자기 반란을 일으킨 걸까요? 그 이유를 알기 위해서는 당시 국제 정세를 살펴봐야 합니다. 1368년, 홍건적은 중국 대륙에서 원나라를 밀어내고 명나라를 세웠습니다. 원나라는 북쪽으로 쫓기듯 도망쳐야 했지요. 원명 교체기가 시작된 것입니다. 그런데 그로부터 6년이 지난 1374년에 명나라가 북쪽으로 도망친 원나라를 치겠다며, 고려에 말 2천 필을 보내달라고 요청했습니다. 명나라와 사대 관계를 맺은 공민왕은 고심 끝에 그들의 요청을 들어주기 위해 제주의 목호들에게 말 2천 필을 명나라로 보내라고 명령했지요. 그런데 문제가 발생했습니다. 제주 목호들이 2천 필이 아니라 300필을 명나라로 보낸 것입니다. 명나라에서 요구한 숫자의 절반도 안 되는 수였지요.

목호들이 길렀던 말의 숫자가 정확히 남아 있지 않지만 2천 필이면 아마 사육하는 말의 대부분이었을 것으로 보입니다. 그러니 2천 필을 전부 보낼 경우 경제적 어려움이 예상되었겠지요. 목호들은 이를 과도한 요구라 생각하여 왕의 명령을 어기고 300필의 말만 보냈던 것입니다.

목호들이 공민왕의 명령을 어긴 것은 이번이 처음이 아니었습니다. 그동안 목호들은 고려의 사신을 함부로 살해하고, 고려 백성을 노예처럼 부리며 숱한 만행을 저질러 왔습니다. 제주의 목호들이 오랜 기간 고려의 왕을 무시하며 깔봤던 것이지요.

결국 공민왕은 결단을 내렸습니다. 그리고 수많은 신하 앞에서 최영에게 이렇게 말했지요. "적을 섬멸하라! 명령을 듣지 않는 자는 벼슬이 높든 낮든 벌을 주는 걸 꺼리지 말라!"

이 말인즉 최영에게 군권을 일임한다는 선언이었습니다. 최영은 무려 2만 5천여 명의 군사와 314척의 전함을 이끄는 진압군의 총책임자로 임명받았지요. 최영이 난을 진압하고 돌아올 수 있도록 공민왕이 큰 힘을 실어준 것이었습니다.

공민왕의 명령을 받은 최영은 군사와 전함을 이끌고 제주도 앞바다에 도착했습니다. 그리고 목호들을 상대로 피 튀기는 전투를 시작했지요. 전투가 시작된 지 불과 한 달 만에 최영은 제주도의 목호들을 완벽하게 진압하는 데 성공했습니다.

> "최영이 한 비장의 목을 베어서 조리돌렸으니, 대군이 일제히 나아가고 좌우에서 분발해 공격함으로써 그들을 격파하였다. 마침내 적의 괴수 3인의 목을 베어 머리를 서울로 전달하자 탐라가 평정되었다."
>
> 《고려사절요》 29권, 공민왕 23년(1374) 8월

최영은 항복한 목호들은 물론이고, 도망치는 무리까지 샅샅이 찾아내 모두 처단했습니다. 이 때문에 제주의 들판이 온통 시체로

제주 최영장군사당 최영은 목호의 난을 평정하러 제주도로 원정을 가는 도중에 거센 풍랑을 만나 추자도로 잠시 대피했다. 그곳에서 최영은 주민들에게 그물로 물고기를 잡는 방법을 알려주어 생활에 커다란 변혁을 가져오게 했다. 그 후 주민들은 최영의 은덕을 기리며 사당을 지었고, 이곳에서 해마다 풍어와 풍농을 빌며 제사를 지낸다. 문화재청 제공.

뒤덮일 정도였다고 하지요. 마침내 최영은 반란을 일으킨 우두머리 3인의 목을 베어 승전보와 함께 서울로 전달했습니다.

이 시기 제주는 특수한 지역으로 독립국가와 비슷한 지위를 갖고 있었습니다. 고려와 원나라의 통치기관이 공존하는 지역으로, 반은 고려 세력 반은 원나라 세력이 차지한 형국이었지요. 하지만 최영의 대활약 덕분에 드디어 제주가 완벽하게 고려에 귀속될 수 있었습니다.

대단한 공을 세웠으니 개경으로 돌아가는 최영의 발걸음은 얼마나 가벼웠을까요? 1374년 음력 10월, 최영은 공민왕의 명령을 완수하고 개경으로 복귀했습니다. 그리고 곧장 공민왕에게 가 이 일을 보고했지요.

"신 최영, 목호의 난을 진압하고 복귀하였습니다."

그러나 최영의 보고가 끝나도 공민왕은 아무런 대답이 없었습니다. 심지어 기쁜 소식을 전하는 최영의 얼굴은 온통 눈물로 얼룩져 있었지요. 도대체 이게 무슨 상황일까요?

최영이 개경으로 돌아와 마주한 것은 공민왕의 흐뭇한 얼굴이 아니라 이미 세상을 떠난 공민왕을 모신 관이었습니다. 최영이 조정을 떠난 사이, 공민왕이 자제위 소속의 홍륜에게 시해를 당한 것입니다. 매번 왕을 지켜왔던 최영이었지만 이번만큼은 손쓸 틈도 없이 왕을 떠나보내야 했지요. 이날 공민왕에게 마지막 보고를 하며 최영이 어찌나 원통하게 울었는지 통곡을 하다 목이 쉬어버렸다고 합니다.

왜구 토벌에 앞장선 고려의 해결사

공민왕이 갑자기 사망한 뒤 공민왕의 아들이 고려 제32대 왕 우왕으로 즉위했습니다. 당시 우왕의 나이는 고작 10살이었지요. 아버지가 살해당한 뒤 즉위한 우왕의 앞날도 평탄하지는 않았습니다. 즉위 2년 뒤인 1376년 여름에는 전남 일대에 왜구가 출몰해 마을을 불태우고 약탈과 살인을 일삼았습니다. 왜구의 침략으로 고려는 또다시 대혼란에 빠졌지요. 왜구가 지금의 논산에 있는 개태사를 도륙했다는 소식을 들은 최영은 출정을 자청했습니다. 우왕과 고려 조정의 신하들은 이미 61세에 접어든 노장 최영을 한사코 말렸지만 최영은 이렇게 말했습니다.

"신이 비록 늙었으나 의지가 쇠퇴하지 않았습니다. 다만 종묘사직을 안정시키고 왕실을 보위하고자 할 뿐이니, 원컨대 빨리 휘하들을 거느리고 가서 격퇴하게 해주십시오."

재차 간청한 끝에 겨우 허락을 받은 최영은 서둘러 군대를 이끌고 전쟁터로 달려갔습니다. 그리고 지금의 충남 부여인 홍산에서 왜구와 맞붙었지요. 이 전투가 바로 최영의 가장 큰 업적 중 하나로 전해지는 홍산대첩입니다.

> "최영이 몸소 사졸들 앞에 서서 용맹하게 돌진하니 적이 바람에 쓰러지는 풀과 같았다. 적 한 명이 숲속에 숨어 최영을 쏘아 입술을 맞추니 피가 낭자하게 흘렀는데, 태연자약하게 적을 쏘아 활시위를 당겨서 쓰러뜨리고 이내 맞은 화살을 뽑았다. 최영이 더욱 힘쓰니 마침내 적을 크게 격파하여 거의 다 죽이거나 사로잡았다."
>
> 《고려사》 113권, 열전 제신 최영

최영 장군의 홍산전투 기록화 전쟁기념관 제공

    기록에 따르면 최영은 전투 중 부상을 입었는데도 아랑곳하지 않고 왜구를 퇴치하는 데에 전념했습니다. 이때 고려군과 왜군이 교전한 곳은 3면이 절벽이고 오직 한 곳만 길이 통하는 험하고 좁은 지형이었는데 여러 장수들이 두려워하며 왜구를 향해 진격하지 못하자 최영이 몸소 사졸들의 선두에 서서 용맹하게 돌진했다고 하지요. 최영을 중심으로 고려군은 치열하게 전쟁에 임하여 왜구를 거의 섬멸했습니다.

    우왕은 개선장군 최영에게 고려 최고의 관직인 시중이란 벼슬을 내리려 했습니다. 하지만 최영은 극구 사양했지요. 아직 왜구를 전부 평정한 것은 아니기에 벼슬에 임할 수 없다는 것이 이유였습니다. 국가 중대사를 논하는 관직에 오르면 전쟁터보다는 조정에서 보내는 시간이 더 많아질 테니, 왜구를 몰살시킨 다음에 관직을 받겠다는 것이었지요. 머리가 하얗게 셀 정도로 고령이었지만, 이후에도 최영은 적을 무찌르는 데 앞장섰습니다. 적을 섬멸하러 전국 방방곡곡을 돌아다니길 주저하지 않았지요.

하지만 최영의 맹활약에도 불구하고 왜구는 고려 침략을 멈추지 않았습니다. 홍산대첩에서 대패한 뒤 약이 오를 대로 오른 왜구는 1378년, 수모를 갚겠다며 이를 갈고 고려에 또다시 쳐들어왔습니다. 왜구는 순식간에 고려의 방어선을 뚫고, 지금의 황해북도 개풍군인 해풍군 일대까지 접근했지요. 홍건적이 그랬듯, 왜구 역시 고려의 수도 개경을 빼앗겠다며 난리였습니다. 당시 쳐들어온 왜구의 정확한 규모는 알 수 없지만 최소 몇천 명이 넘는 인원이었을 것으로 추측합니다. 이렇게 많은 인원이 수도 개경을 위협하니 철저한 대비가 필요했겠지요. 고려군은 4개의 부대로 나뉘어 방어에 나섰습니다. 왜구의 건방진 소리를 들은 최영도 가만히 있을 수 없었겠죠. 당장 군대를 꾸린 최영은 해풍군에 진을 치고 왜구를 기다렸습니다.

아마 최영은 17년 전 홍건적에 의해 수도 개경을 빼앗겼던 일을 기억하고 있었을 것입니다. 백성들이 전란으로 고통받고 왕이 궁궐을 잃고 2년간 여기저기를 떠돌며 생활해야 했던 뼈아픈 경험을 반복하고 싶지 않았을 테지요. 이번에는 꼭 개경을 지키리라 다짐했을 것입니다.

그런데 최영은 이 전투에서 예상치 못하게 일생일대의 위기를 맞이하게 됩니다. 여러 갈래로 공격할 줄 알았던 왜구가 오직 한 방향, 최영의 부대 쪽으로 돌진한 것입니다. 도대체 어떻게 된 일일까요?

> 적이 염탐하여 이를 알고 말하기를, "최영의 군사만 깨뜨리면 경성을 엿볼 수 있다"라고 하였다. 이에 여러 주둔지를 지나치며 싸우지 않고 내버려두면서 해풍군으로 달려가 곧바로 중군中軍을 향하였다.
>
> 《고려사》 113권, 열전 제신 최영

홍산대첩 이후 왜구의 경계 대상 1호는 61세의 노장 최영이었습니다. 왜구는 최영만 무너뜨리면 고려의 수도를 빼앗는 것이 수월하리라 생각했지요. 그래서 다른 주둔지는 내버려두고 오로지 최영이 지휘하는 부대에 공격을 퍼붓는 전략을 취한 것입니다.

최영은 달려오는 왜구를 향해 칼을 휘두르며 온 힘을 다해 싸웠지만 쏟아지는 왜구의 공격에 결국 수세에 몰리고 말았습니다. 왜구의 거센 공격에 누구 하나 쉽사리 최영을 돕기 위해 나설 수도 없었지요. 최영을 향한 집중포화에 백전불패의 최영이 목숨을 잃을 수도 있는 절체절명의 그 순간, 누군가 수세에 몰린 최영을 구하기 위해 맹렬하게 돌진했습니다.

"이성계가 정예 기병을 거느리고 곧장 나아가 (…) 공격하여 크게
격파하였다."

《고려사》 113권, 열전 제신 최영

   그는 바로 이성계였지요. 오직 최영만 무찌르면 된다고 생각한
왜구는 이성계의 등장에 허점을 찔렸습니다. 이성계의 화살에 왜
구는 바람 앞의 풀처럼 쓰러졌지요. 위기의 순간, 이성계가 혜성처
럼 나타나 최영을 구해낸 것입니다. 이 덕분에 고려군은 왜구와의
전투에서 또 한 번 압승을 거두었습니다.

   두 사람의 첫 번째 합동작전인 홍건적과의 싸움에서도 승리를
거두었는데, 이번 해풍군에서 왜구를 상대로 벌인 두 번째 합동작
전에서는 이성계가 최영의 목숨까지 구해주었지요. 아마 최영은
이성계가 무척이나 기특하고 대견스러웠을 것이고, 이성계는 그
동안 고려를 위해 목숨 바쳐 싸웠던 최영에게 큰 힘이 되어 주고
싶었을 것입니다. 전란으로 위태로운 가운데 두 사람의 가슴 깊은
곳에서는 서로를 의지하는 마음이 점점 커갔겠지요.

   하지만 고려군의 승전보에도 왜구의 침략은 끊이지 않았습니다.
1380년에 또다시 왜구가 고려로 쳐들어왔지요. 이번에 우왕은 전
북 남원으로 이성계를 보냈습니다. 가별초와 함께 남원에 도착한

이성계는 인근의 황산에서 고려군보다 10배나 많은 왜구를 단 이틀 만에 모두 무찔러버렸습니다. 이성계의 신궁과 같은 활 솜씨 앞에 왜구는 속수무책이었습니다. 이성계가 무찌른 왜구가 얼마나 많았는지 왜구의 피가 스며들어 사시사철 붉은색을 띤다는 '피바위'도 이곳에 있습니다. 폭풍처럼 휘몰아치는 이성계와 가별초의 공격에 수많은 왜구 중 겨우 70명 남짓만 살아남았다고 합니다.

이러한 이성계의 엄청난 활약상과 승전보는 고려 조정에도 전해졌습니다. 최영은 큰 공을 세우고 돌아온 이성계를 위해 성대한 연회를 열었지요. 연회에서 최영은 이성계의 손을 꼭 잡고 이렇게 말했다고 합니다.

남원 황산대첩비 남원의 도순찰사였던 이성계가 황산에서 왜구를 무찌른 업적을 기린 승전비. 본래의 황산대첩비(오른쪽)는 1945년 일제가 남원의 경찰을 동원해 폭파하고 글자를 훼손하여 황산대첩비지의 파비각에 조각난 상태로 보관하고 있으며, 해방 이후 다시 세운 비(왼쪽)가 황산대첩비각에 있다. 문화재청 제공.

"고려가 다시 일어난 것은 모두 이번 전투의 승리 덕분일세, 공이 아니면 이 나라가 장차 누구를 믿겠습니까?"

많은 전투에서 승리를 가져온 이성계는 새로운 영웅으로 떠올랐지만 사실 그는 동북면 출신이라는 한계 때문에 중앙 정계로 쉽게 진출하지 못하고 있었습니다. 심지어는 기득권층에게 무시까지 당하고 있었지요. 그런데 명문가 출신이자 고려 최고의 명장으로 군림하고 있는 최영이 수많은 사람이 지켜보는 앞에서 이성계를 인정해 준 것입니다. 황산대첩 이후 이성계는 중앙 정계에서 활약할 수 있는 기회가 생겼지요.

왕의 특명
권문세족을 처단하라!

고려의 수호신 최영과 고려의 떠오르는 영웅 이성계, 고려의 핵심 무장이 된 두 사람은 둘도 없는 동지로 돈독한 사이가 되었습니다. 그러던 1388년 어느 날 밤, 누군가가 갑자기 최영의 집에 찾아왔습니다. 예상치 못한 방문에 깜짝 놀란 최영은 버선발로 뛰어 나가 맞이했지요. 달빛 아래 모습을 드러낸 사람은 다름 아닌 최영의 주군인 우왕이었습니다. 우왕은 왜 이 야심한 시간에 최영을 찾아왔을까요?

다름 아니라 최영에게 이성계와 함께 서둘러 군사를 모아 궁궐을 수비하라는 어명을 내리기 위함이었습니다. 그리고 우왕은 최영에게 군사를 모으라고 명한 진짜 속내를 터놓았습니다.

"궁궐을 안전하게 수비한 다음, 나머지 군사들을 이끌고 임견미와 염흥방을 잡아들이시오!"

우왕이 최영을 찾았던 진짜 이유는 임견미, 염흥방이라는 인물을 은밀히 제거하라는 밀명을 내리기 위해서였지요. 임견미, 염흥방은 고려 말 최상위 기득권층인 권문세족의 수장 이인임의 심복들이었습니다. 이인임은 우왕이 왕으로 즉위할 때 가장 큰 힘을 보탠 인물로 왕에 버금가는 권세를 누리고 있었지요.

이 시기 고려의 지배 세력이었던 권문세족은 매관매직을 일삼고 백성들의 토지를 강탈하기도 했으며 많게는 80~90퍼센트에 이르는 막대한 세금을 징수해서 자신의 부를 쌓기도 했습니다. 한마디로 권력을 이용해 온갖 횡포를 일삼는 자들이었지요.

우왕은 막강한 권력을 누리는 권문세족 임견미, 염흥방이 왕권까지 위협할까 봐 두려워졌던 것입니다. 그래서 가장 믿을 만한 고려 왕실의 대들보, 최영에게 이성계와 의기투합해 이들을 숙청하라는 엄청난 임무를 맡긴 것이지요. 이 명령을 들은 최영은 어떤 마음이었을까요? 고려 왕실밖에 모르는 불도저답게 어떤 반문조차 하지 않고 왕명을 따르기로 결정했습니다.

사실 임견미와 염흥방을 제거하는 것은 곧 권문세족의 거두 이인임을 공격하는 것과 같았습니다. 결코 쉬운 일이 아니었지요. 특히 이인임의 집안은 뼈대 있는 명문가로 고려 내 여러 귀족 가문과 긴밀한 연을 맺고 있었거든요. 이인임이 얼마나 막강한 위세를 떨쳤는지는 역사서에서도 살펴볼 수 있지요.

> "벼슬을 팔고 옥사를 흥정하니 그 문전門前이 마치 물 끓듯 하였습니다. 뇌물을 주어 청탁하는 자는 어진 인재가 되고, 절조와 염치를 갖춘 사람은 불초한 자가 되었습니다. 그가 한번 웃으면 현귀顯貴가 탄생하고 그가 한번 찡그리면 형벌이 일어났습니다."
>
> 《고려사》 126권, 열전 간신 이인임

청탁을 위한 뇌물 수수는 물론이고 이인임이 찡그리기만 해도 형벌이 일어날 정도였으니 고려에서 그의 권세가 어느 정도였는지 가늠이 되지요? 만약 일이 잘못될 경우 역풍을 맞아 최영이 고려 조정에서 축출될 위험도 있었지만 그는 주저하지 않았습니다. 거사를 성공적으로 이끌기 위해 가장 믿을 만한 조력자, 이성계와 함께 즉시 군사를 일으켰지요. 최영과 이성계는 이인임 심복들의 집으로 군사를 보내 기습 공격을 감행했습니다. 임견미와 염흥방은 뒤늦게 위기를 감지하고 도주를 시도했지만, 이미 최영과 이성계에 의해 도주로는 완벽히 차단당한 뒤였지요. 최영과 이성계의 합동 작전에 그들은 체포당할 수밖에 없었습니다.

여기서 끝이 아니었습니다. 이후 이인임의 심복들에게 빌붙어 권세를 누린 관련자까지 줄줄이 붙잡혔지요. 이 사건에 연루되어 재산을 몰수당하고 처형당한 권문세족은 무려 천여 명에 달했다고 합니다.

그렇다면 권문세족의 핵심 인물인 이인임은 어떻게 되었을까요? 심복들을 한순간에 잃은 이인임 역시 모든 권력을 빼앗긴 채 유배를 떠날 수밖에 없었습니다. 최영은 이성계와 의기투합해 단 하룻밤 만에 고려 조정을 뒤엎는 일에 성공한 것이지요. 이번에도 두 사람이 우왕의 근심을 해결해 준 것입니다.

이인임과 그의 일파를 몰아낸 후, 최영과 이성계는 우왕의 든든한 후원 아래 고려 조정의 핵심 세력으로 거듭났습니다. 전쟁터를 함께 휘젓는 든든한 전우였던 두 사람은 이제 정치적 동지로까지 발전했지요.

최영과 이성계의 돈독했던 사이를 엿볼 수 있는 일화들도 다수 전해지고 있습니다. 한번은 이런 일이 있었습니다. 이성계를 시기 질투한 한 사람이 우왕 앞에서 이성계를 신랄하게 모함하며 헐뜯은 것입니다. 이야기를 듣던 최영은 잔뜩 분노한 목소리로 이렇게 말했습니다.

이성계는 최영과 정의가 매우 두터웠다. (…) 이성계를 모함하려는 자가 있었는데, 최영이 노하여 말하기를 "이공은 국가의 주석이다.

일조에 큰일이 있으면, 누구를 시켜야 할 것이냐." 하였다.

이긍익,《연려실기술》

조선의 학자 이긍익이 쓴 야사집《연려실기술》에 따르면 최영은 이성계를 나라의 주석, 즉 주춧돌이라 말하며 훗날 국가에 큰일이 닥칠 경우 이성계만큼 일을 믿고 맡길 만한 인물이 없다고 이야기해 주었습니다. 왕 앞에서 모함당하는 이성계를 적극적으로 두둔하며 도와준 것이지요.

또한 최영은 즐거운 연회를 열 때마다 이성계를 초대했다고 합니다. 두 사람은 공적인 자리를 넘어 사적인 자리에서 함께 어울릴 정도로 허물없는 관계가 된 것이지요.

명나라에 대한 선전포고!
최영의 요동 정벌 주장

최영과 이성계가 권력의 양대 산맥이 된 후 고려 조정은 잠시간 안정을 되찾는 듯했습니다. 그러나 이 평안은 오래가지 못했지요. 1388년 음력 2월, 최영의 입에서 믿을 수 없을 만큼 충격적인 발언이 나왔습니다. 군사를 일으켜서 명나라의 요동 지역을 공격하자는 주장이었지요.

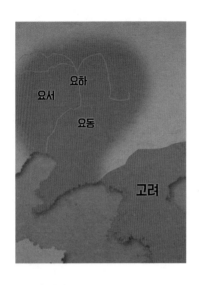

요동의 위치

요동은 중국 동북 지역에 있는 큰 강 '요하'를 기준으로 동쪽에 있는 땅을 말합니다. 서쪽 땅은 요서라고 불렀지요. 요동 지역은 명나라와 고려의 국경 지대이기도 했는데, 최영이 바로 이 지역을 정벌하자고 말한 것입니다. 이는 명나라와의 전쟁을 불사하겠다는 뜻이었지요.

여러 전쟁을 겪으며 고려 백성의 참혹한 실상을 목격했던 최영이 갑자기 왜 이런 주장을 한 것일까요? 최영이 이러한 주장을 하기 얼마 전, 명나라 황제가 고려에 보낸 서신에 터무니없는 내용이 쓰여 있었기 때문입니다. 고려의 철령 이북 지역을 명나라에 귀속시키겠다는, 쉽게 말해 고려 땅을 명나라가 차지하겠다는 통보였지요.

철령은 함경남도와 강원도 사이에 위치한 고개로, 명나라가 요구한 철령 이북은 원 간섭기에 원나라가 지배했던 동북면 지역을 뜻합니다. 지금의 함경도 일대로 이성계의 집안이 자리 잡았던 곳이지요. 고려는 1258년에 이 땅을 빼앗겼다가 100여 년 후 공민왕이 전쟁을 일으켜 되찾았습니다. 그런데 원나라를 몰아내고 중국 대륙의 새로운 지배자가 된 명나라가 자신들도 원나라와 똑같이

철령 이북을 지배할 터이니 그 땅을
내놓으라고 요구한 것입니다.

　말도 안 되는 명나라의 생떼에 최영
은 더 이상 참을 수가 없었습니다. 그
래서 요동 지역을 공격해 명나라를 혼
쭐내주고 다시는 뻔뻔한 요구를 할 수
없게 만들자고 주장한 것입니다. 당시
명나라는 드넓은 영토를 자랑하던 원
나라까지 몰락시키고 중국 대륙을 차
지한 최강의 패권국이었습니다. 그런
명나라와 전쟁을 벌이는 것은 아무리

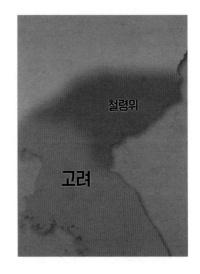

철령 이북의 위치

최영의 주장이어도 선뜻 동조하기 어려운 일이었을 것입니다.

　"무력행사를 통해 명나라의 요구를 막자!"

　"명나라는 강국이니 외교를 통해 평화적으로 해결해야 한다!"

　고려 조정은 명나라의 요구를 어떻게 해결할 것인가를 두고 두
갈래로 나뉘었습니다. 하지만 그로부터 얼마 후, 이 혼란이 정리되
는 일이 발생합니다.

> "공산부원군 이자송을 죽였다. 이자송이 일찍이 최영이 요동을 공
> 격하려고 한 것을 말렸기 때문이었다."
>
> 《고려사》 137권, 우왕 14년(1388) 3월

이자송은 지금의 부총리격인 종1품 수문하시중守門下侍中까지 오른 고려 정계에서 잔뼈가 굵은 문신이었습니다. 그는 최영의 집까지 찾아가서 설득할 정도로 요동 정벌을 필사적으로 반대했지요. 하지만 최영의 의지는 확고했습니다. 자신을 찾아온 이자송에게 버럭 화를 내며 매질했지요. 그것도 모자라 이자송을 유배 보낸 후 죄를 뒤집어씌워 죽이기까지 했습니다. 최영의 매서운 의지 앞에 신료들은 입을 꾹 다물 수밖에 없었습니다.

그가 이렇게까지 강하게 요동 정벌을 주장한 이유는 무엇이었을까요? 최영은 고려가 북쪽 지역들을 확보해 놓지 않으면 또다시 홍건적의 난과 같은 침략을 겪을 수 있다고 여겼습니다. 그래서 과거 공민왕이 반원 정책의 일환으로 철령 이북 땅을 확보하고 요동 정벌까지 단행했던 일을 떠올렸지요. 물론 요동 지역을 계속 고려 땅으로 유지하지는 못했지만 최영은 이때의 성공 경험에서 비롯한 자신감이 있었기 때문에 요동 땅을 공격하자고 강력하게 주장한 것입니다.

이때 최영은 이미 70대였습니다. 그런 그가 앞장서서 싸우겠다며 나선 데에는 승리에 대한 자신도 있었기 때문입니다. 피비린내나는 전쟁터를 누비며 수많은 전투를 경험한 최영은 패배를 겪어본 적 없는 무장이었습니다. 언제나 백전백승이었던 것이지요. 뼛속까지 무장이었던 최영은 적을 치는 것만이 사랑하는 조국을 지킬 가장 확실한 방법이라고 생각했을 것입니다.

예상치 못한
전우 이성계의 반대

고려에서는 요동 정벌을 두고 설왕설래가 벌어지는 와중에 명나라가 이번에는 고려에 사신까지 보냈습니다.

> "명 태조는 철령 이북이 본래 원나라에 속했던 땅이라고 하여 모두 요동에 귀속시키게 하고 철령위鐵嶺衛를 두도록 명령하고, 요동 백호를 보내서 알려주었는데, 우왕이 병을 칭탁하고 나가 맞지 않았다."
>
> 이긍익, 《연려실기술》

명나라가 철령 이북 땅에 철령위라는 통치 기구를 설치하겠다고 다시 한번 고려를 압박한 것이지요. 상황이 이쯤 되자 우왕은 나라의 명운을 건 결정을 내렸습니다. 최영과 이성계를 불러 두 사람에게 요동 지역을 빼앗으라 명령한 것입니다. 우왕은 이번에도 믿을 만한 두 사람에게 고려의 운명을 맡겼습니다. 우왕의 명을 받은 최영은 자신을 믿어주는 주군에게 승리로 보답해야겠다고 생각했을 것입니다. 그리고 곁에 있는 이성계 역시 자기와 같은 마음일 것이라 여기며 든든해했겠지요.

하지만 이번에는 두 사람의 마음이 같지 않았습니다. 이성계는 요동 정벌을 강력하게 반대했습니다. 심지어 명나라와 전쟁을 할

수 없는 논리까지 내세웠지요. 이것이 이성계가 주장한 '사불가론
四不可論'입니다.

> 첫째, 작은 나라 고려가 큰 나라인 명나라를 공격하는 것은 불가하다.
> 둘째, 농번기인 여름철에 군대를 동원하는 것은 불가하다.
> 셋째, 온 나라의 군사가 멀리 명나라를 정벌하러 가면 그 틈을 노려
> 왜적이 쳐들어올 여지가 있어 불가하다.
> 넷째, 비가 많이 오고 습한 장마철에는 아교가 녹아서 활이 약해지
> 고, 군사들이 질병을 앓게 될 확률이 높으니 불가하다.

이성계가 사불가론을 내세우면서까지 요동 정벌을 반대한 데에
는 이유가 있었습니다. 그동안 고려 백성들은 밖으로는 잦은 왜구
의 침입을, 안으로는 권문세족의 수탈로 고통받는 상황이었습니
다. 이렇게 안팎으로 혼란한 상황에 신흥 강대국인 명나라에 맞선
다니, 너무나 무모한 행동이라고 판단했던 것이지요.

게다가 당시 이성계는 권문세족에 맞서는 신진 세력인 신진사
대부와 손을 잡고 있었습니다. 신진사대부는 명나라를 사대하는
친명파였지요. 요동 정벌을 논의하는 과정에서 신진사대부가 이
성계에게 사불가론에 대한 의견을 제시했을 것이라 추측해 볼 수
있습니다.

그동안 뜻을 함께한 동지가 처음으로 자기에게 맞서 반기를 들

었다는 것에 최영은 큰 충격을 받았습니다. 출신, 나이대, 성향 등 모든 것이 달라도 우호적인 관계로 전쟁터와 정치판을 함께 걸어 왔잖아요. 그러나 요동 정벌로 인해 의견이 갈리게 되었지요. 전쟁 터를 누비며 생사고락을 넘어온 두 사람의 관계는 이 사건으로 인 해 조금씩 금이 가기 시작했습니다.

마침내 결정된 요동 정벌
그러나 왕의 곁에 남은 최영

요동 정벌을 강행해야 한다는 최영과 사불가론을 들어 반대하 는 이성계, 두 장군의 의견이 극명하게 갈리니 우왕은 고민이 되 었을 것입니다. 이성계의 말도 일리가 있다는 생각이 들어 마음이 흔들렸거든요. 결국 우왕은 즉답하지 않고, 요동 정벌을 내일 다 시 한번 논의해 보자고 말했습니다. 우왕의 명에 최영은 "알겠습니 다"라고 답한 뒤 순순히 그 자리에서 물러났지요.

우왕은 최영과 이성계 중 누구의 손을 들어줬을까요? 사불가론 이 조정에 한바탕 폭풍을 일으키고 이틀이 지난 1388년 음력 4월 3일, 우왕이 두 사람에게 어명을 내렸습니다.

"최영에게 8도도통사八道都統使를 더하고 조민수를 좌군도통사左軍都

統使, (…) 이성계를 우군도통사右軍都統使로 삼았다."

《고려사절요》 33권, 우왕 14년(1388) 4월 3일

우왕이 최영의 손을 들어준 것입니다. 최영의 주장대로 요동 정벌을 명하고 요동으로 떠날 원정군의 지휘부를 편성한 것이지요. 요동 정벌군의 총사령관 자리인 8도도통사에는 백전노장으로 군사들의 존경을 한 몸에 받는 최영을, 그리고 장수 이성계와 조민수를 각각 우군도통사, 좌군도통사로 임명하고 여러 지역에서 징집한 군사들을 나누어 통솔하게 했습니다.

고민하던 우왕은 어떻게 마음을 굳히게 되었을까요? 사실 우왕이 내일 다시 논의하자고 말한 그날 밤, 최영은 은밀히 우왕을 찾아갔습니다. 그리고 이렇게 읍소했지요. "전하! 원컨대 다른 말은 받아들이지 마십시오." 그가 요동 정벌에 대한 절절한 마음을 드러내며 우왕을 설득했던 것입니다. 최영의 진심에 우왕은 요동 정벌에 대한 뜻을 굳혔지요.

반대 의견을 냈음에도 불구하고 우왕이 요동 정벌에 이성계를 포함시킨 것은 무장으로서 이성계의 능력을 신뢰했던 것으로 보입니다. 이성계뿐만 아니라 그가 이끄는 부대 역시 뛰어난 능력을 가지고 있었던 것도 한몫했겠지요. 게다가 이성계는 1370년, 고려의 제1차 요동 정벌이라 불리는 오녀산성 전투에서 승리한 경험이 있었습니다. 요동 정벌이 중대한 사안인 만큼 반대 의견을 냈다고

우라산성 전투 기록화 1370년 이성계는 1만 5천의 병력을 이끌고 우라산성을 함락시켰는데 위 그림은 이때의 전투를 그렸다. 지금의 중국 랴오닝성 환런현 오녀산에 위치한 고구려의 산성으로, 오녀산성이라고도 부르며 고구려의 시조 주몽이 수도 졸본에 쌓은 첫 번째 왕성으로 추정한다. 전쟁기념관 제공.

해서 이성계 같은 뛰어난 무장을 빼놓고 갈 수 없다고 생각한 것입니다.

이때 최영과 이성계가 이끌 요동 정벌군의 수는 5만 명에 달했습니다. 고려 각지에서 전쟁에 동원할 수 있는 백성을 최대한 끌어모아 만든 병력이었지요. 마침내 1388년 음력 4월 18일, 최영의 원대한 목표 요동 정벌군이 요동으로 떠나는 날이 왔습니다. 성공한다면 한반도를 넘어 북방으로 고려의 국력을 떨치겠지만, 실패할 경우 명나라의 속국으로 전락할 수도 있는 그야말로 고려의 명운이 걸린 원정의 첫날이었지요.

그런데 이렇게 중요한 날, 어찌 된 일인지 정벌군의 행렬에서 총사령관 최영의 모습은 찾아볼 수가 없었습니다. 놀랍게도 최영이 요동으로 출발하기 바로 직전, 자기가 강력히 주장한 요동 정벌에 출전하지 않겠다고 선언했기 때문입니다. 이게 대체 어떻게 된 일일까요?

정벌을 앞두고 최영과 원정군이 요동으로 떠날 날이 다가오자 우왕은 두려움에 휩싸였습니다. 최영이 제주도 정벌을 떠났을 때 우왕의 아버지 공민왕이 살해당했던 것을 떠올린 것이지요. 우왕은 황급히 최영을 불러 간절히 말했습니다.

"선왕께서 시해를 당한 것은 경이 정벌을 떠났기 때문이다. 내가 어찌 감히 하루라도 경과 함께 있지 않겠는가?"

아버지와 같은 일을 당할까 두려웠던 우왕이 최영에게 하루도 자기 곁에서 떨어지지 말라고 매달렸던 것이지요. 정벌을 앞두고 있던 최영은 당황했겠지요. "사기를 위해서라도 신이 나가서 아군을 독려해야 합니다!"라고 출정에 대한 굳은 의지를 다시 한번 내비쳤지만 우왕은 그런 그에게 오히려 초강수를 두었습니다.

"경이 가면 과인 역시 요동으로 따라가겠다."

왕을 전쟁터에 모시고 간다니, 그건 말도 안 될 일이었지요. 결국 최영은 우왕의 애원을 뿌리칠 수 없었습니다. 최영은 정벌에 함께하지 못해 착잡한 마음이었을 것입니다. 하지만 이성계를 비롯한 고려 장수들을 신임하였기에 원정군의 지휘를 맡기고 이들이 누구보다 훌륭히 임무를 완수해낼 것이라 믿었지요.

두 사람의 운명이 엇갈린 위화도 회군

요동으로 말을 몰고 가는 이성계의 심정은 어땠을까요? 왕명이기에 출정했으나 자신의 의지와 상관없이 떠밀리듯 전장으로 나가게 된 상황이었습니다. 갈피를 잡을 수 없어 뒤숭숭한 마음이지 않았을까요? 그렇게 출발한 지 약 20여 일이 흐르고 1388년 음력 5월 7일, 이성계의 원정군은 지금의 평안북도 신의주에 해당하는 의주의 위화도에 도착했습니다.

위화도는 이름에서 알 수 있듯이 사방이 압록강에 둘러싸인 섬이었지요. 그러니 위화도에서 요동으로 가려면 압록강을 꼭 건너야만 했습니다. 그런데 이성계와 군사들이 강을 건너기 위해 뗏목을 띄운 순간, 예상치 못한 일이 벌어졌습니다.

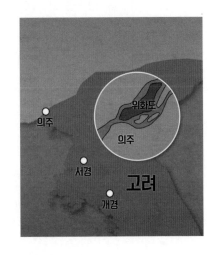

위화도의 위치

"신들이 뗏목을 띄워 압록강을 건너는데, 앞에 큰 내가 있어 비가
와 물이 넘치니 첫 번째 여울에서 물에 빠져 죽은 자가 수백 명이었
고 (⋯)"

《고려사》 137권, 우왕 14년(1388) 5월 13일

당시는 장마철이라 비가 쏟아지고 있었는데, 하필 뗏목을 띄운
순간에 불어난 강물이 범람한 것입니다. 그 때문에 수백 명의 군사
가 한순간에 물에 휩쓸려 익사하고 말았지요. 이후로도 날씨는 좋
아지지 않았습니다. 불어난 강물을 건너는 것은 불가능한 일이었
지요. 그렇게 이성계와 원정군은 위화도에 갇혀 오도 가도 못하는
신세가 되고 말았습니다.

시간은 속수무책으로 흐르고 가져온 식량은 축나고 일부는 비
에 젖어 썩기도 했습니다. 그러니 군사들의 상태는 어땠겠습니까?
이미 전투를 치르기도 전에 사기가 꺾여 탈영병이 속출하기 시작
했지요. 이성계는 진퇴양난에 빠지고 말았습니다. 결국 고민 끝에
우왕과 최영에게 서신을 보냈지요.

"어찌 감히 죽음을 피하여 묵묵히 있겠습니까? (⋯) 하물며 장마철
이라 활이 풀어지고 갑옷이 무거워지며 군사와 말이 모두 고달프니,
말을 달려 견고한 성 아래에 이르러 싸운다 하더라도 반드시 이길
수가 없고 공격하여도 반드시 성을 취할 수가 없습니다. (⋯) 원컨대

전하께서 특별히 회군을 명하시어 삼한의 기대에 답하시옵소서."

《고려사》 137권, 우왕 14년(1388) 5월 13일

장마철이라 비 때문에 활도 망가지고 갑옷도 무거우니 군사들과 말이 모두 힘들어한다, 그러니 정작 요동에 도착해도 전투에서 승리하는 건 불가능하다는 내용이었습니다. 위화도의 사정이 이러하니 회군을 허락해 달라는 뜻을 전한 것이지요.

하지만 이성계의 뜻은 이뤄지지 않았습니다. 우왕 곁에 있는 최영이 이성계의 회군을 반대했지요. 오히려 위화도로 환관을 보내서 이성계에게 빨리 요동 지역으로 가라고 독촉했습니다. 싸워보지도 않고 군사를 돌리겠다는 이성계의 서신을 최영은 도무지 이해할 수 없습니다. 고려의 명운을 걸고 출전한 5만의 고려군이 장마를 못 이기고 회군한다니, 이것이야말로 고려의 위신이 바닥치고 명나라가 고려를 우습게 볼 일이라고 여겼을 것입니다. 다시 한번 이성계를 독촉한 최영은 원정군이 요동에서 기쁜 소식을 보내오기만을 손꼽아 기다렸습니다.

그러나 1388년 음력 5월 22일, 원정군이 떠난 지 한 달이 지났을 무렵 최영을 경악하게 만든 소식이 들려옵니다. 이성계가 위화도에서 말머리를 돌려 개경으로 회군한다는 소식이었지요.

"이에 군사를 돌려 압록강을 건넜다. 이성계는 백마를 타고 (…) 언

덕에 서서 군사들이 모두 건너기를 기다렸다."

《고려사절요》 33권, 우왕 14년(1388) 5월 22일

위화도에서 겪는 사정을 구구절절 써서 보내도 요동을 정벌하라는 답변밖에 받지 못하니 이성계는 회군 명령을 받는 것은 불가능한 일이라 여겼을 것입니다. 그래서 여러 장수와 군사들을 모아 놓고 이렇게 말했지요.

"군사를 돌리기를 청하였으나 왕은 살펴보지 않고 최영 또한 노쇠하여 듣지를 않으니, 어찌 경들과 함께 왕을 뵙고 왕 곁에 있는 악한 자를 제거하지 않겠는가!"

이게 무슨 의미일까요? 회군을 요청했으나 우왕도, 늙은 최영도 우리의 목소리를 듣지 않으니 가장 큰 문제는 우왕의 곁에서 왕의 귀를 멀게 만드는 최영이라고 주장한 것입니다. 그러니 이대로 군대를 돌려서 최영을 제거하자고 군사들을 설득했지요.

먼 곳까지의 원정을 내켜하지 않았던 군사들에게 이 제안은 한 줄기의 빛과 같았을 것입니다. 결국 이성계의 원정군은 왕명을 어기고 매서운 기세로 위화도를 벗어났습니다. 압록강을 건너 요동 지역이 아닌 고려의 수도 개경으로 향했지요. 이제 이들의 목표는 명나라가 아니라 최영으로 바뀌었습니다.

이성계의 원정군은 위화도에서 출발해 약 10일 만에 개경 앞까지 당도했지요. 최영은 자기의 믿음을 박살내고 역적의 길을 선택

한 이성계에게 치를 떨었을 것입니다. 그리고 '이성계가 내 목을 치고, 우리의 왕까지 끌어내리겠구나!' 하고 직감했겠지요.

최영은 어떻게든 개경을 수비해 필사적으로 우왕을 지키려고 했습니다. 하지만 앞서 요동 정벌에 고려군 대부분을 끌어모았다고 했었지요. 개경에 남은 소수의 병력만으로 이성계가 이끄는 대군을 상대하는 건 불가능했습니다. 결국 요동 정벌을 위해 떠났던 이성계의 원정군은 손쉽게 개경에 입성한 후 궁궐을 포위하는 데 성공했지요.

마지막을 직감한 최영은 우왕을 찾아가 오열하며 절을 2번 올렸다고 합니다. 더 이상 왕의 곁을 지킬 수 없는 신하가 올리는 작별 인사였지요. 우왕에게 예를 올린 최영은 이윽고 이성계가 이끄는 군사들이 포위한 궁중의 화원에서 붙잡혔지요. 이 숨 막히는 상황 속에서 최영과 이성계가 드디어 적으로 마주했습니다. 한때의 동지를 체포하는 상황에 이성계의 마음도 편치 않았을 것입니다. 역사 기록에 따르면, 이성계는 최영을 보며 눈물을 뚝뚝 흘렸다고 전해지지요.

이성계가 최영에게 말하기를 "이와 같은 사변은 나의 본심이 아닙니다. 그러나 요동을 공격하는 거사는 오직 대의만 거스른 것이 아니라 나라를 위태롭게 하고 백성을 괴롭혀 원망이 하늘에 이르렀으므로 어쩔 수 없었습니다. 잘 가십시오. 잘 가십시오"라고 하면서

서로 마주보며 울었다.

《고려사》 113권, 열전 제신 최영

이성계는 위화도 회군은 자신이 원해서 일으킨 것이 아니라 최영의 무리한 요동 정벌이 초래한 결과라고 말했습니다. 그리고 어쩌면 평생의 좋은 동지가 됐을지도 모를 최영을 향해 "잘 가십시오. 잘 가십시오"라는 슬픈 한마디를 남겼지요. 지금 이 자리에서 헤어지면 다시는 마주할 수 없는 최영에게 마지막 인사를 건넨 셈입니다.

그렇게 이성계의 인사를 끝으로 최영은 군사들에게 체포당해 끌려갔습니다. 한때 서로의 뒤를 지켜주던 최고의 전우는 이제 철천지원수가 되고 말았지요. 두 사람의 인연이 역사에 영원한 악연으로 남게 되는 순간이었습니다.

고려의 충신으로
이름을 남기다

이후 고려 조정을 장악한 이성계는 최영에게 유배형을 선고했습니다. 고려 최고의 권력자로 이름을 날리던 최영은 고양시, 마산시, 강화도를 전전하며 유배살이를 하는 신세가 되었지요. 그리고 유배형을 받은 지 불과 6개월 만인 1388년 음력 12월, 이성계는 결국 최영의 처형을 결정했습니다.

> "마침내 최영을 처형하였는데 나이가 73세였다. 처형할 때에 말과 얼굴빛이 변하지 않았다. 죽는 날에 개경 사람들이 저자를 파하였으며 먼 곳이든 가까운 곳이든지 사람들이 이를 듣고 길거리의 아이들과 시골의 여인네들까지 모두 눈물을 흘렸다. 시체가 길가에 버려지자 길가는 사람들이 말에서 내렸고 (…) 쌀·콩·베·종이를 부의하였다."
>
> 《고려사》113권, 열전 제신 최영

유배지에서 개경으로 압송된 후 형이 집행되던 날, 최영은 죽음 앞에서도 얼굴빛 하나 변하지 않고 담담히 최후를 맞았다고 합니다. 일생을 고려를 위해 살아온 최영의 죽음에 백성들도 슬퍼했다고 전해지지요.

더 이상 고려가 외침으로부터 고통받지 않길 바랐던 최영은 저무는 나라를 끝까지 지키려 했던 고려의 충신으로 이름을 남기게 되었습니다. 문신 변계량은 최영을 추모하며 이런 시 구절을 남겼지요. "분위광국빈성성 학어가동진식명奮威匡國鬢星星 學語街童盡識名". 고군분투하여 나라를 바로잡다가 귀밑머리 희끗희끗하니 겨우 글자를 깨친 아이들도 그의 이름을 모두 안다는 뜻입니다.

최영장군묘 "내가 만약 평생 탐욕이 있었다면 내 무덤에서 풀이 자랄 것이요, 탐욕이 없었다면 풀이 자라지 않았을 것이다"라는 최영의 유언대로 그의 묘에는 600년간 풀이 자라지 않았다. 흙이 드러난 채로 있어 '붉은 무덤'이라 불리다가 훗날 후손들이 잔디를 입혀 지금의 모습에 이른다. 한국학중앙연구원 제공.

한때 고려를 지키겠다는 일념으로 함께했던 두 명장, 최영과 이성계는 요동 정벌을 두고서 서로 다른 길을 선택했습니다. 그러나 그 이면을 들여다보면 사실 최영과 이성계가 바라던 모습은 같았던 것을 알 수 있지요. 외적의 침입이나 전쟁, 혼란이 없고 백성이 평화로운 태평성대를 바라는 마음 말입니다. 다만 최영과 이성계는 그 방법에 대해 각기 다른 판단을 내렸고, 이는 스스로의 운명은 물론 고려의 운명까지 뒤바꾸게 되었지요.

918년 태조 왕건에 의해 건국된 고려는 어느덧 역사의 뒤안길로 들어섰습니다. 위화도 회군으로 정치 권력을 거머쥔 이성계는 이후 과전법科田法을 시행해 권문세족의 토지를 몰수하며 경제 개혁을 시행했지요. 그리고 신진사대부 정도전과 함께 차근차근 혁명을 완수하고자 했습니다. 이러한 정치적 소용돌이 속에서 고려 제34대 왕 공양왕은 자신의 마지막 보루였던 정몽주마저 이성계의 아들 이방원에 의해 살해당하자 왕권을 이성계에게 넘겨주었지요. 한반도에 474년간 존속했던 고려 왕조의 마지막 페이지는 이렇게 마무리되었습니다.

나라가 어지러우면 그 나라에 충신이 나타난다는 말이 있지요. 목숨을 잃을지언정 충심이 휘어지지 않았던 무신 최영의 마음을 되새겨보는 것으로 고려의 이야기를 마치겠습니다.

"나라를 다스리는 자는 근심이 없는 때에 경계하고 널리 경사經史를 보아

옛일을 거울삼아 오늘을 경계해야 한다."

태조 왕건의 유훈 〈훈요 10조〉 중에서

벌거벗은 한국사 고려편

초판 1쇄 발행	2024년 5월 22일
초판 3쇄 발행	2024년 10월 29일

지은이	**tvN** STORY 〈벌거벗은 한국사〉 제작팀
감수	김도연, 김인호, 박재우, 이명미, 전덕재, 최태성

책임편집	김민진
구성	김민영
디자인	*studio* weme
마케팅	최지은, 배희주
제작	357제작소
일러스트	스튜디오 쥬쥬베, 스튜디오 마치, 김효니, 조재철

펴낸이	임경진, 권영선
펴낸곳	㈜프런트페이지
출판등록	2022년 2월 3일 제2022-000020호
주소	경기도 파주시 회동길 37-20, 204호
전화	070-8666-7031(편집), 031-942-0203(영업)
팩스	070-7966-3022
메일	book@frontpage.co.kr
인스타그램	instagram.com/frontpage_books
네이버 포스트	https://post.naver.com/frontpage_book

ISBN　　979-11-93401-12-5(04910)